長寿期リスク

「元気高齢者」の未来

春日キスヨ

光文社新書

はじめに

80代、「もう無理」という本音

若い頃は、一年たてば、「ひとつ」歳をとると思っていた。

だから、30歳になったとき、もう若くはないと焦《あせ》った。60歳になったとき、高齢者になったと思った。年齢欄に「60代」と書くのがイヤで、「50代」と書いた。その頃、80歳は遠く、85歳頃には「あの世」に旅立っているだろうと考えていた。

そんな私がいま80歳。「人は一年たてば一歳年をとるものではない。とるときにはあっという間にとる」「これからどう生きていけばいいのだろうか」と迷っている。

そして、私だけでなく周囲にも、そんな80歳前後の女性たちがたくさんいる。親、それも団塊世代以上の親と遠く離れて暮らす若い子世代の人たちには、自分の親がこれからの人生に迷っているなんて、考えもしないだろう。「親はまだまだ元気」と思いたい。それに、これまで「あなたの世話にならない」「迷惑をかけるつもりはない」と言い続けてきた親のことだから、「自分の老後」は考えているはずと。

しかし、「高齢者」の本音を聞いてみると、自分で生活できなくなったとき、どうやって生きるかなど具体的に考えてこなかった。いや考えたとしても、どうしたらいいかがわからず、「どうにかなる」と後回しにしてきた。そんな人が圧倒的に多い。

それに70代半ばくらいまでは、制度上は高齢者と呼ばれても、自分が高齢者だという実感がなかった。「キラキラ80」を目指し、「イキイキ」暮らせば、80代でも元気に生きられると思っていた。

だから、子どもから「これからどうするつもりなのか」と聞かれても、「あなたの世話にはならない」「迷惑をかけるつもりはない」と言い続けてきた。

それが80歳前後から、だんだん「歳」を感じ、不安を覚えるようになってくる。コロナ禍で、足腰も弱り、買い物に行くのさえ億劫《おっくう》になり、昨日までできていたことが、今日はできない、そんなことが増えてきた。病気や骨折で入院でもすると、2、3週間で「あっという間に」何歳も歳をとってしまう。

そんな経験をして初めて、80代、90代をどう生きていくか、具体的に考えるようになった。「人生100年時代」といわれるなか、「子どもの世話にならない」という考えが、揺らぎ始めてきた。

これまでは、子どもと離れての、夫婦二人暮らし、またはひとり暮らしの方が、自由で気楽でいいと思ってきた。子ども家族との同居は、親子といえど気を遣い、子どもが働いていれば、子どもの分の家事手伝いもある。心細くなったからといって、一度味わった自由と気楽さを、そうそう手放したくもない。

じゃあ、これから先、80代後半、もしくは90代まで、さらに自宅で暮らし続けていった場合、毎日の食事づくり、買い物、洗濯、風呂掃除、人づき合い、などなどを、これまで通り、自分でやっていけるのか。

ひとり暮らしなら、自分しだいの部分もある。だが、夫が長生きしたら、夫婦二人の食事づくりや洗濯など、何歳まで自分が続けることになるのか。死ぬまで続けるのか。施設に入りたいと思っても、そのためのお金がなければ、ひとりでも難しいが、夫婦二人となると、さらに難しい。

人類未踏の長寿期社会へ――必要な力と覚悟

このように、80歳を超えると老いが進み、同じ高齢者でも75歳ぐらいまでの元気なときとは異なる「**長寿期**（＊うち85歳以上を超高齢期と呼ぶが、本書ではほぼ同義として扱う）」に移行し、これまで考えもしなかったことを考え始める。

だが、考えれば考えるほど、気分が沈んでくる。だから「まあ、どうにかなるだろう」「とにかく元気でいなければ」と、いまの自分にできること――少しでも身体《からだ》を動かし運動に励む生活——になっていく。

そうやって日々が過ぎ、「いつの間にか90歳になっていた」。現代日本にはそんな長寿期在宅高齢者が増えていて、団塊世代が長寿期に達するこれからは、さらに増え続けていくことだろう。

しかし、どんなに運動に励み頑張っても、自分で生活を担《にな》えなくなるときが来る。病気や骨折で入院でもすれば、以前の生活には戻れなくなる。だが、そうなっても、病院はひと昔前のように長期入院を受け入れてはくれず、施設に入所しないとすれば、誰かに支えてもらう在宅生活となる。

そうなった場合、「人の世話にならない」「子どもの世話にならない」という考えを捨て、子どもがいる人は子どもの世話になり、子どもがいない人は地域の人や介護保険サービスの支援者、民間のサービス業者を頼る力が必要になる。

しかし、その力を、いまの高齢世代は持っているだろうか。

現在の高齢世代が「子どもの世話にならない」「迷惑をかけない」と言うとき、イメージしている「世話」や「介護」とは、高齢者がよく口にする「子どもに下《しも》の世話をさせたくない」という排泄《はいせつ》介助を含め、入浴介助や食事介助などの「身体介護」のことで、それは病院に長期入院ができた時代の「世話」「介護」のイメージにとどまったものではないか。だから、「金さえあれば、どうにかなる」と考える人も多いのではないか。

だが、金があってもどうにもならない「とき」がある。

介護保険制度が定着し、在宅政策が推進される現在、病院から退院した後の生活は、家族がいなかったり、もしくは家族に担う力がなければ、食事や入浴、それに病院受診時の付き添いなど、「生活支援」の介護サービス（介護保険では「生活援助」と呼ばれている）を受けるか、民間サービス業者にしてもらう形になっている。

しかし、「生活支援」を受ける以前に、真っ先に必要なのは、自分にどんな支援が必要かアセスメント（評価）し、要介護・要支援認定申請をし、介護サービスにつなぎ、民間サービスなどが利用できるようにつないでくれる「キーパーソン」の確保である。制度の情報を知り制度につながる力、人との交渉力が弱っている場合、自分の代わりにそれを担ってくれる人が必要になる。

しかし、そうしたキーパーソンを確保するには、高齢者自身が、自分の老いを受容し、人の世話・支援を受け入れる力、覚悟がいる。

また、キーパーソンを引き受ける側、つまり子どもや甥《おい》・姪《めい》などの親族その他にも、長丁場《ながちょうば》になるかもしれないその役を、引き受ける覚悟がいる。80歳で倒れても、90代半ば過ぎまで「ヨタヨタ」しながら生き続ける人も増え続けている時代だから。

そんな覚悟を、いまの高齢者と子世代の人たちは持っているだろうか。

高齢者の「生活問題」——現状とこれから

本書では、一般には「**高齢者の介護問題**」の文脈で語られることが多い問題を、「**高齢者の生活問題**」の文脈から取り上げ、それがどのような現状にあるかについて述べていく。

この本を、いまはまだ元気で若い高齢者と、40代から50代の、親と離れて暮らす子世代の人たちに読んでもらいたいと思って書いた。

この人たちのなかには、介護保険のスタート時点で語られた「介護は社会で、家族は愛情を」の言葉通り、介護保険を利用しさえすれば、「どうにかなる、どうにかしてくれる」と考える人がいるかもしれない。

しかし、**そんな時代ではなくなっているのだ**。親の介護を経験した人や、介護業界の人であれば、「そんなこと、あたりまえだ」と言うだろう。しかし、知らない人が意外と多いのではないか。

だから、まずは現状を知ってほしい。自力で生活できなくなったときには「キーパーソン」が必須の時代になっていて、キーパーソンしだいで最晩年の人生の質は大きく変わってくる。その事実を伝えたい。

80歳になったいまの私だからこそ見えてきた、そして聞くことができた報告書である。手に取って、読んでいただければ、すごくうれしい。

長寿期リスク

目次

第4章　「夫婦で百まで」を可能にする条件　179

第5章　超高齢在宅暮らしに必要な「受援力」　199

(1)「そのとき」が来るまで備えない超高齢者たち——先送りされるキーパーソン問題　200

本文図版作成・キンダイ

序章　進む「超長寿化」と団塊世代の未来

（1）離れて暮らす子世代の戸惑い、老親世代の戸惑い

80代の急激な変化

ひとり暮らしの親がいる50代、60代の子世代女性たちから、戸惑いの声を聞くことが増えた。親の老いが進むが、これから先、倒れたとき、親はどうするつもりなのか。どこで、どう生きていきたいのか。親の考えがわからないと。

80代でひとり暮らしの親がいる50代女性が2人、話していた。

「私の母は82歳なんですが、『これからどうするの』って聞くと、『大丈夫、あなたの世話にはならないから』って。でも具体的に聞くと何も考えていない。70代までは『まだ、そんなこと言わないで』ってすごく不機嫌になっていた。それがいまは、

もう自分で何かしようという感じでもなくなって……」

「私の母はシングルマザーで頑張ってきた人で、86歳。仕事も子育てもちゃんとしてきたといまでも自信満々。でも、耳の聞こえは悪くなるし、家はゴミがたまって汚れまくっている。だけど、ひとりで生きてきたっていう自負があるので、人の世話になることにすごい拒否感がある。これからどうするつもりなんですかねえ」

子世代女性たちが親の生き方に戸惑うのも、理解できる。なぜなら、いまの高齢世代は、「老後はあなたの世話にはならない。しっかり勉強をして、自分の好きな人生を歩みなさい」、そう言って子どもを社会に送り出した親が多い。だから、子どもの側は（息子・娘にかかわらず）「親は老後をどう生きていくか、自分で考えているはず」、そう考えていてもおかしくはない。

しかし、70代半ば過ぎ〜80歳を超えた高齢の親世代の声を聞いていくと、親たちも、自分の老いと、これからどう生きていけばよいかについて、戸惑いを覚えている。

80歳前後になると、高齢期とはいえまだ元気で意欲・体力もあった70代までと同じ暮らしはできなくなる。加齢にともなう病気、事故や転倒による骨折・障害などで、生活の不自由さが増す。車の免許証も返上し、人との交流も減っていく（その時期が、病気や事故でもっと早く始まる人もいるが）。

コロナ禍で見られたように、この方向への移行は、短期間にあっという間に進み、生き方や考え方も変わってくる。そうした例を挙げてみよう。

80代と70代は違う

私は2014年から現在まで10年ほど、隔月で開かれる高齢女性の集い「Hカフェ」に参加し続けている。人数は、参加者の入れ替わりはあるものの、毎回15人ほど。ひとり暮らしの人もいれば、夫婦二人暮らしの人もいる。

初回に70歳前後だった人たちも、すでに80代。そんな変化のなかで、それぞれの「老いの体験」や「倒れたときへの備え」などが語られる。

そのなかでしばしば出るのが、「80代と70代は違う」「〝80歳の壁〟は確かにある」という言葉で始まる、自分の年齢観（感）（「老い観（感）」ともいえる）の変化に関するものである。

AUさん（83歳）「コロナですっかり、体力が落ちて、何をするにもしんどい。70代はごまかしが利くけれど、80代になるとごまかしが利かない。70代はいろんなところに出かけていたのに、いまは出るのが億劫。歩くのもしんどい」

BKさん（82歳）「これまでずっと元気だったので、病気したときのダメージ、ショックが大きかった。そうなると、80まで元気で生きてきたんだから、もういいかとか。ジタバタするまい、何もかも面倒とか。気持ちが70代とは変わってくる」

CYさん（81歳）「80歳を過ぎて、歳の重みが変わるのを実感しています。いろんな会合に出ても私が最年長。自分の立ち位置を考えて『ここに出させてもらっていいのかしら』『あまりしゃべらないようにしよう』とか、思うようになりました」

ＤＢさん（84歳）「私は主人が亡くなって半年あまり落ち込んで、食欲もなくなって、外出もしなくなって。そうなると、ほんと余計なひがみ感情みたいなものが次々と浮かんできて、『娘はひと月に一度しか来ない、寄りつきもしない』とか。自分がそんなふうになるなんて、70代には思いもしなかった」

70代までは元気高齢者を自負してきた人たちだが、80歳前後からの病気、社会活動からの引退、配偶者の死、などの出来事や生活変化が、体力・気力の低下をもたらし、「老い」への負のスパイラルが進む事実が語られている。

親子関係も変化――子どもを頼る気持ち

さらに、そうしたなかで、「子どもの世話にならない」と言ってきたこれまでの「老後観」も揺らぎ始める。これまでの「世話をする立場」から「世話される立場」へと、子どもを頼る気持ちが強まっていく。そして、親子間の微妙な駆け引きも含め、親子関係も70代と異なるものになっていく。「Hカフェ」で語られた例を挙げよう。

「子どもがいるのが、70代ぐらいまでは面倒くさいなあと思っていたんですが、80歳を過ぎると、子どもがいてくれるありがたさをすごく感じます。子どもがいると、ついつい頼る。80歳過ぎたら、特にそう思いますね」

「友人が娘さんを試したわけ。ケア施設の申し込み資料を取り寄せて、『この施設に入ろうと思うから』と、娘さんに言ったというのよ。

そしたら娘さんが、保証人になってくれたんだって。本当は絶対に断ってほしかった。『母さん、やめなさい。弟もいるから、私たちがみるから』って。本人は娘を試しただけだったから。

子どもの世話にならない、なれないと言いながらね、本当は世話になる気、十分なんよ」

ところで、この人たちの声を、私たちはどう聞けばいいのだろうか。

国は、現在の日本の高齢者は、10〜20年前の高齢者と比べ、加齢にともなう変化が5〜10年遅れ、「若返り」現象が見られ、65〜74歳までは元気な人が多いという報告結果（日本老年学会・日本老年医学会「高齢者に関する定義検討ワーキンググループ報告書」〔平成29年〕より要約）にもとづき、国を挙げて「健康寿命の延伸」を目標に、「介護予防」政策を推し進める。

だが、この調査結果と考え合わせると、「Hカフェ」に集まる高齢女性たちの会話からは、栄養に気をつけ、運動や社会活動に活発に励むことで、70代前半までは元気を維持できたとしても、70代後半から80歳前後になると、加齢にともなう「老い」が避けられない事実が見えてくる。

本章冒頭の、50代の子世代女性が語る80代母親の「『これからどうするの』って聞くと、70代までは不機嫌になっていた。それがいまは、もう自分で何かしようという感じでもなくなって」という状態も、その事実を示すものだろう。

（2）団塊世代の未来

80歳以上の長寿期人口が1600万人の社会へ

しかしながら、超高齢化が進む現代日本では、こうした年齢（長寿期）に達し、何らかの不自由さを抱える生活になっても、その後、10年あまりの人生を生きる人が増え続けている。

女性の平均寿命は87・14歳。男性は81・09歳。80歳時の平均余命は女性11・81年、男性8・98年で、80歳を過ぎても、男性で約9年、女性で12年ほどの人生が残る（厚生労働省「令和5年簡易生命表の概況」）。

この流れのなか、全人口に占める65歳以上の高齢者の割合は、今後さらに上昇する。2020年の28・6％が、15年後の2035年には32・3％へ、3人にひとりが高齢者となる。

しかも、今後増え続けるのは75歳以上の高齢者で、65〜74歳の割合は、２０２０年の13・８％から２０３５年は13・２％へと減少する一方、75歳以上の割合は、２０２０年の14・７％から２０３５年は19・２％へと上昇し、75歳以上の人口は２２３８万人に達する。

そのうち80歳以上の長寿期の高齢者人口は、１１５３万人から１６０６万人へと４５３万人ほど増え、総人口の13・８％を占めるようになることが予測されている（以上「日本の将来人口推計──令和３（２０２１）〜52（２０７０）年── 令和５年推計」国立社会保障・人口問題研究所）。

ところで、２０３５年といえば、現在70代半ば過ぎの団塊世代が90歳目前となる。人類未踏の超長寿時代の先陣を切って走るのが、昭和一桁生まれ世代〜団塊世代までの高齢者である。

この世代の多くは、戦後日本が大きく変わるなか、親世代との関係では、三世代が同居し老親扶養をする、旧来の「家」制度的な考えや慣行に従ってきた。

一方で、自分たちが築いたのは、夫・妻・子どもの「核家族」で、「豊かな暮らし」と「子どもの高い学力」を目指し、「夫婦中心」「子どもの教育中心」で、高度経済成長期を生きてきた人たちである。

「終わりよければすべてよし」というが、この人たちは最晩年期をうまく乗り切っていくことができるだろうか。

子と同居する高齢者の減少――長寿期の「自宅暮らし」を誰が支えるのか

今後、少子化が進むなかで、介護労働の担い手不足や高齢者の意識変化も相まって、国は高齢者が在宅で暮らし続ける「地域包括ケアシステム構築」政策をさらに進め、多くの高齢者が、病院や施設ではなく、住み慣れた地域で住む時代になっていくだろう。

高齢者自身もそれを望んでいるようだ。

内閣府の「平成26年度　一人暮らし高齢者に関する意識調査結果」（2015年）によれば、自分の健康レベルが「日常生活を行う能力がわずかに低下し、何らかの支援が必要な状態」である場合には、「高齢者向きのケア付き住宅」や「子や孫、兄弟姉妹など親族の家」などではなく、「現在の自宅」に住み続けたいと希望する人が7割弱を占めるという結果だった（資料1）。

しかし、老いが進む長寿期に、住み慣れた自宅で過ごすためには、「日常生活を行う能力が低下した部分」を補い支えてくれる力が必要になる。

生活を維持するには、日用品の買い物、毎日の食事づくりや掃除、洗濯などの家事をはじめ、病院受診時の付き添い、金銭の出し入れなど、「雑事といわれながらもそれがなければ維持できないこと」が数限りなくある。

そうしたことを自分で担えなくなったとき、誰がそれを補い支える役割を担ってくれるのだろうか。

子どもがいても、子世代家族と別居する高齢者が増え、子世代の単身化も進んでいる。

現在の時点でも、80歳以上の高齢者の家族形態は、男性で「単独世帯」17・1%、「夫婦のみの世帯」47・1%、「配偶者のいない子と同居」23・7%、「子夫婦と同居」10・6%。

女性では、「単独世帯」34・8%、「夫婦のみの世帯」19・3%、「配偶者のいない子

資料1　介護や支援が必要になったとき、生活したい場所

Q　もし仮に、あなたが、次に挙げる①〜③のような、介護や支援が必要な状態になった場合、どちらの場所で生活したいと思いますか。

①日常生活を行う能力がわずかに低下し、何らかの支援が必要な状態

②立ち上がるときや歩行が不安定。排泄や入浴などに一部または全介助が必要な状態

③一人で立ち上がったり歩いたりできない。排泄や入浴などに全介助が必要な状態

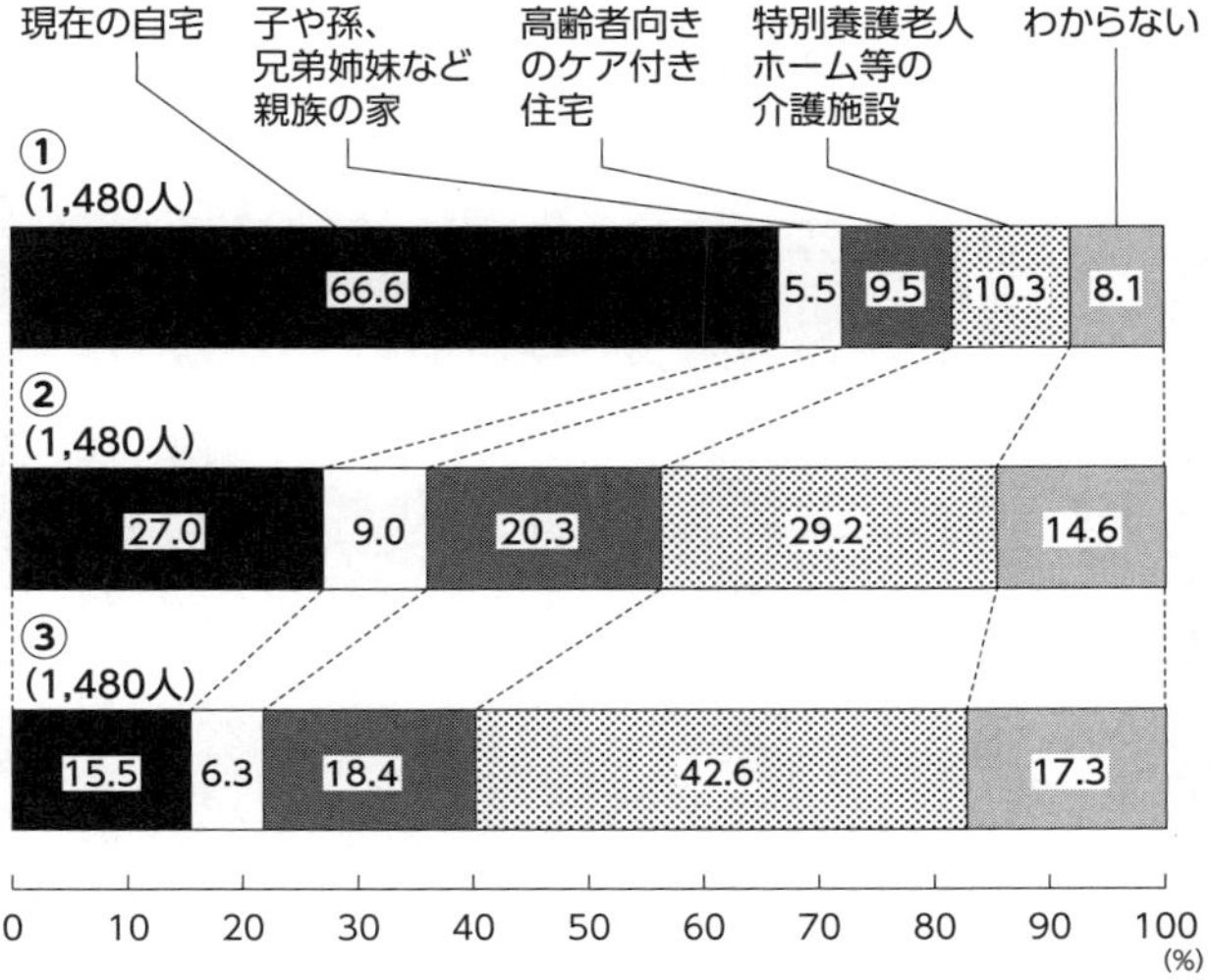

出所：内閣府「平成26年度 一人暮らし高齢者に関する意識調査結果」
https://www8.cao.go.jp/kourei/ishiki/h26/kenkyu/zentai/index.html

と同居」26・4%、「子夫婦と同居」17・4%である。

「ひとり暮らし」は女性が多く、「夫婦二人暮らし」は男性に多いという違いはあるものの、子どもと同居しない高齢者が増えている（資料2、厚生労働省「国民生活基礎調査の概況」2023年）。

加えて、長生きすれば認知症の発症率も高くなる。

年齢別に見た認知症の発症率は、加齢とともに上昇し、85～89歳では、女性が48・5%、男性が35・6%（研究代表者 朝田隆「都市部における認知症有病率と認知症の生活機能障害への対応」平成23～24年度）となっている（38頁、資料3）。

これらを考え合わせると、加齢で認知機能も落ち、身体の不自由さを抱えながら、在宅で長寿期を暮らし続ける、そんな人が珍しくない社会になっていくことが見えてくるだろう。

そうした近未来が予測されるなか、いまはまだ元気で自宅で暮らす昭和一桁～団塊世代までの高齢者は、いつまでいまの力を維持できると思っているのだろうか。また、それができなくなったとき、誰に自分の暮らしを補い支えてもらおうと思っているのだろ

資料2　性・年齢階級別に見た65歳以上の者の家族形態（2023年）

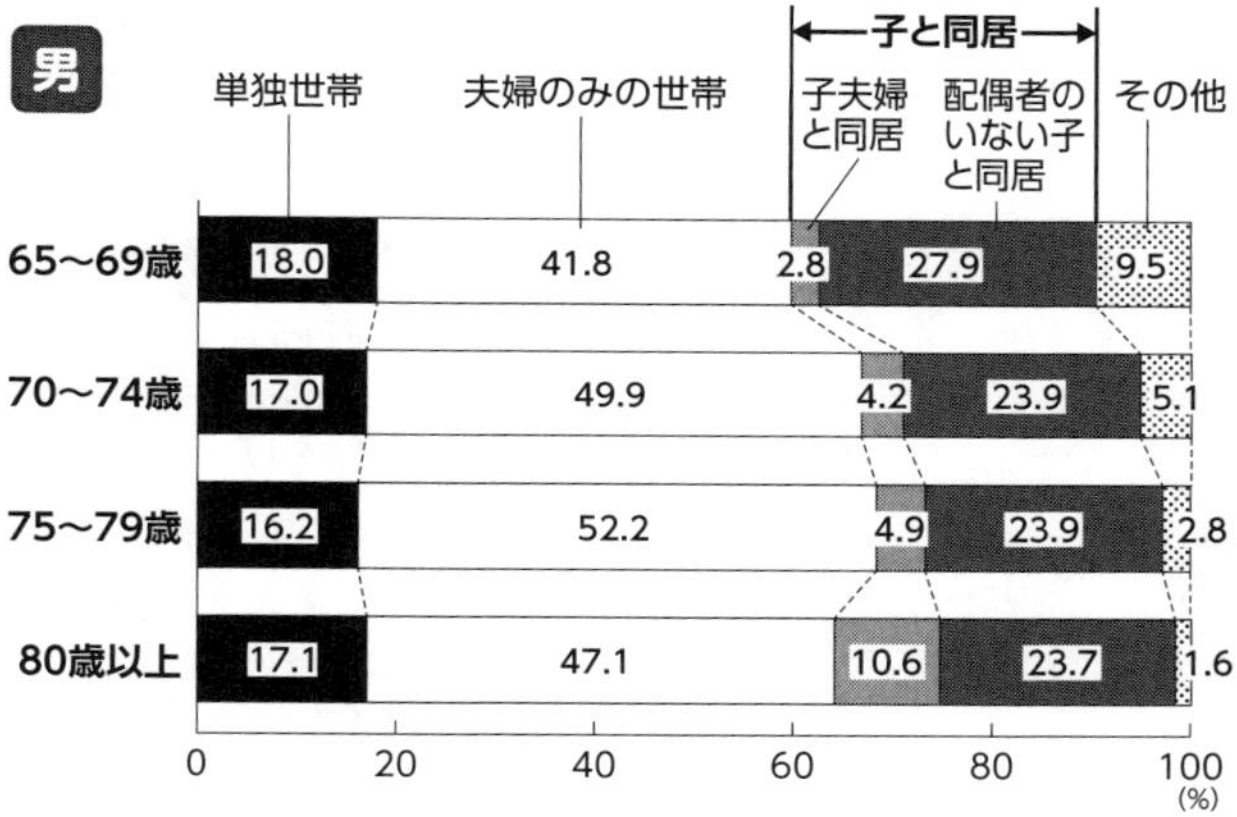

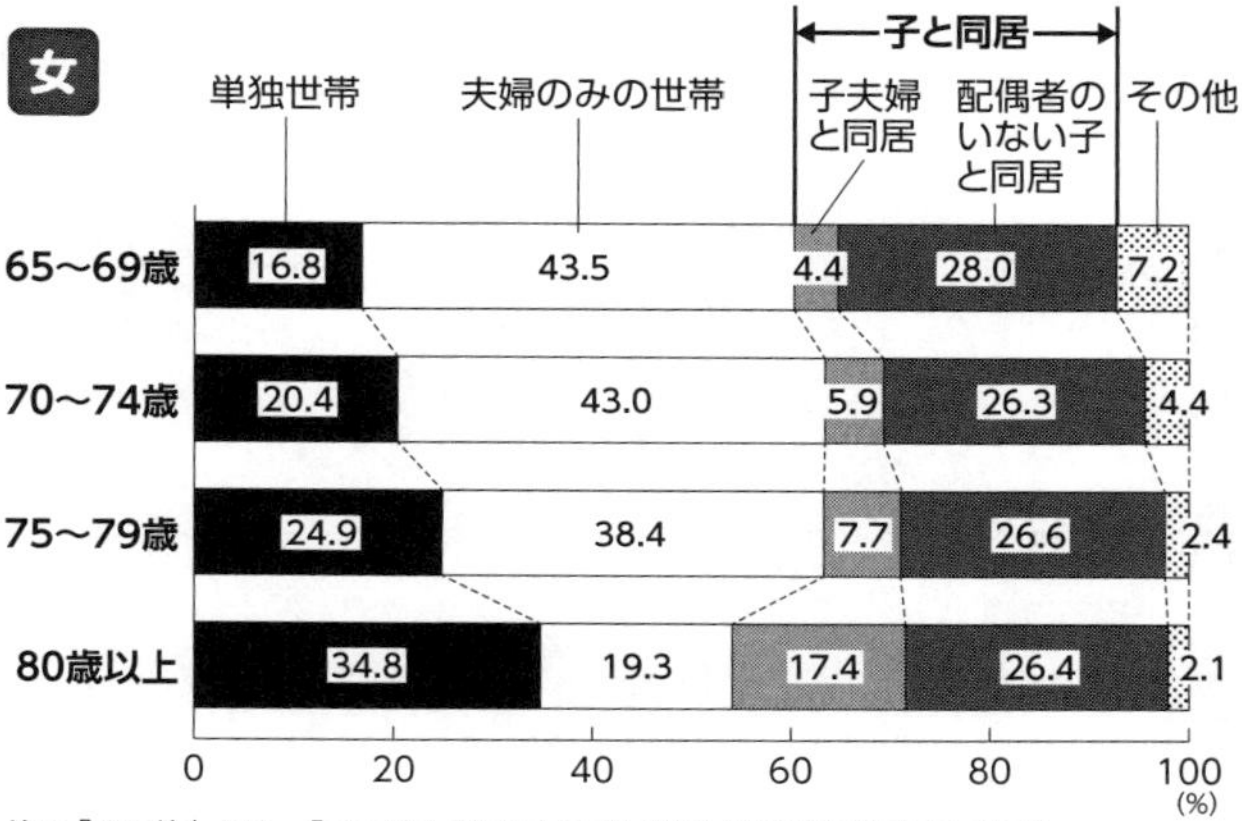

注：「その他」とは、「その他の親族と同居」及び「非親族と同居」を言う。

出所：厚生労働省「2023（令和５）年 国民生活基礎調査の概況」
https://www.mhlw.go.jp/toukei/saikin/hw/k-tyosa/k-tyosa23/index.html

資料3　性・年齢階級別に見た認知症有病率

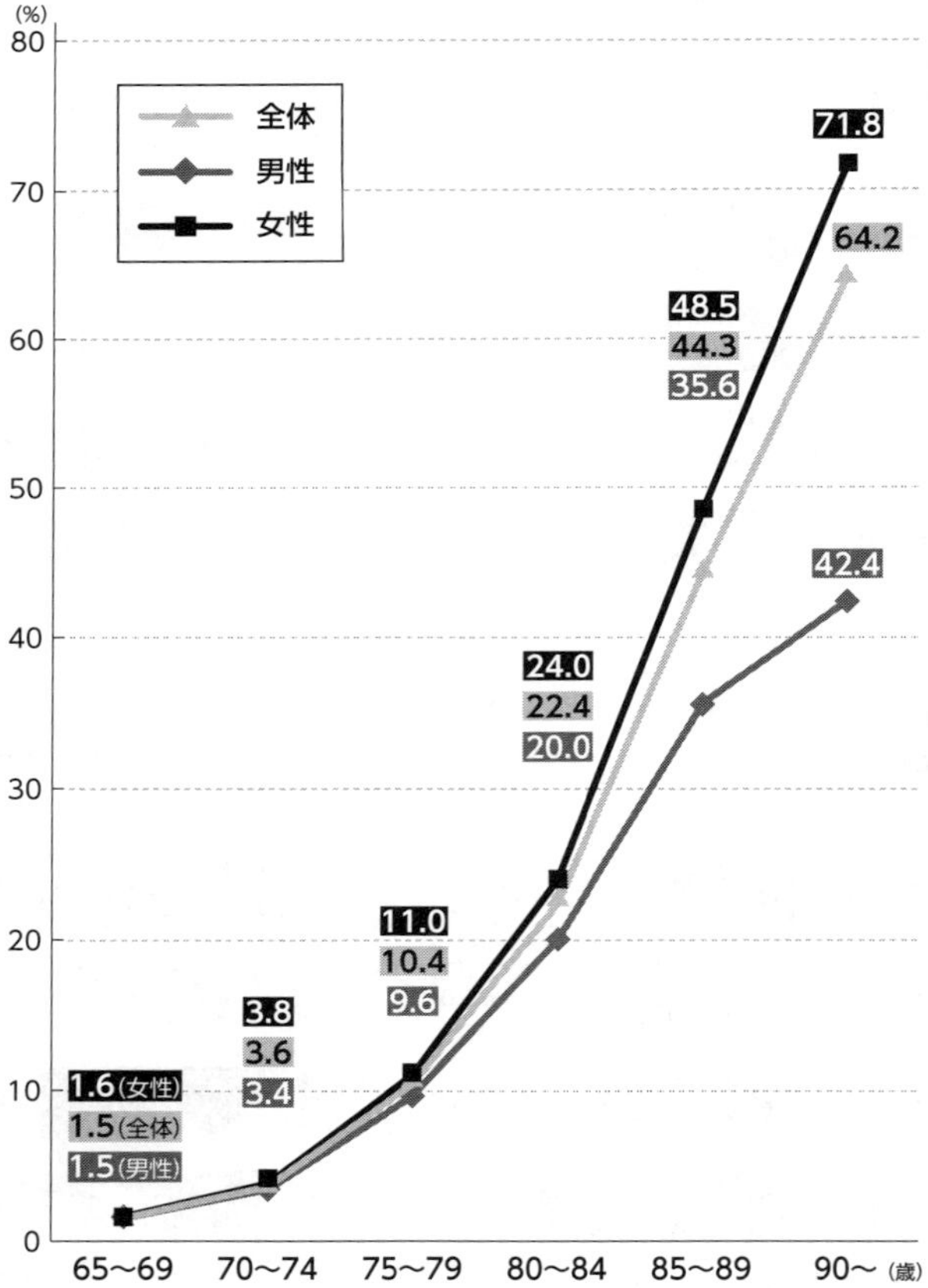

出所：厚生労働科学研究費補助金 認知症対策総合研究事業 研究代表者 朝田隆「都市部における認知症有病率と認知症の生活機能障害への対応」平成23〜24年度総合研究報告書のデータをもとに作成。

うか。

親の老後について「親子で話し合うことはない」

この世代には「元気で、人の世話にならないことこそ自立」という、高度経済成長期の価値観を保ったままの人や、子どもがいても「親の老後の心配はしなくていい」と子どもを社会に送り出し、「子どもの世話にはなれない、迷惑をかけてはいけない」と考える人が多い。

元気な間の、高齢者のそんな「親子観」を示す調査結果がある（『親のいま』に関する親子2世代の意識調査」ダスキンヘルスレント、2022年）。

そこでは、親と子の両方の世代に対して、親の老後について話し合った経験の有無を質問しているが、「親子で真剣に話し合った経験がない」割合が圧倒的に多く、親世代で81・6％、「親と別居する」子世代で75・0％を占める。

そして、親世代が子どもと「話し合わない」理由として挙げたものは、「（子に）迷惑をかけたくないから」が90・3％、「まだ健康だから」が89・3％、「自分の子どもに頼ることを想定していないから」が85・5％。この3つが特に多く、他の理由を大きく引き離す事実が報告されている（資料4）。

しかし、人間にとって「病むこと」「老いること」「死ぬこと」は避けられない。そして、そうなったとき、他の人の力で自分を補い支えてもらい、世話をしてもらう。これも避けられないことである。

しかし、高齢でも元気な間は、そんなときが来ることを予期せず、「親子で親の老後について話し合うことをしない」。その理由が「子どもに迷惑をかけたくないから」「頼ることを想定していないから」。そんな人が多いというのは不思議なことである。

いったいそう考える人たちは、自分の人生の最後に控える長い「老後」を、どうやって生きていくつもりなのだろうか。

「いまの高齢者は、備えなんてできない」

じつは介護に関する研究を長く続けてきた私が、研究テーマを70代～100歳代までの在宅で暮らす高齢者の生活研究に変え、70代の「元気高齢者」に話を聞くなかで、驚

資料４　子どもと老後について話し合ったことがない親の理由（n=816）

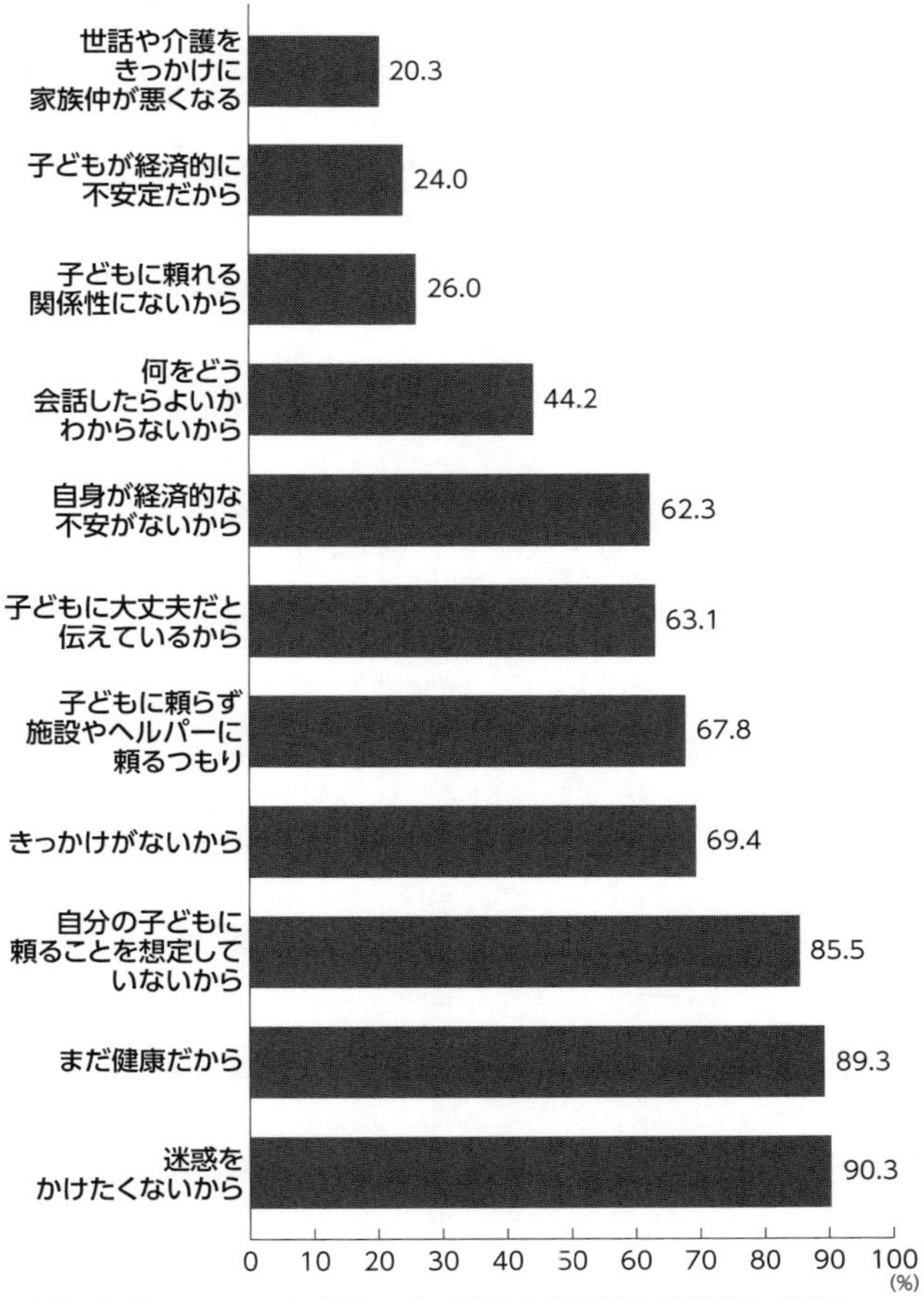

出所：ダスキンヘルスレント「『親のいま』に関する親子２世代の意識調査」2022年
https://www.duskin.co.jp/news/2022/pdf/220915_01.pdf

き、不思議に思ったのもその点だった。

なぜなら、「介護」研究を続けるなかで私が出会ってきたのは、自力で生活する力を失い弱った高齢者が家族や支援者に支えられる生活で、「人には支えられて生きるときが必ず来る」ということを前提とするものだったからだ。

そこで、80歳以上でも在宅暮らしを続ける高齢者の話を聞き、分析し、それをもとに、その時期の高齢者の生活を「ヨタヘロ期」と名づけた。そして、まだ若い元気なうちから、いざというときのために、倒れたときの対処法、生活の知恵、医療・介護の制度的知識などを「備える」必要性を訴え、本（前著『百まで生きる覚悟——超長寿時代の「身じまい」の作法』光文社新書、２０１８年）にまとめた。

その本を、長年、高齢者支援職を続ける人たちにも読んでもらった。

だが、その反応は意外なものだった。「いまの高齢者は〝備え〟なんてできない、無理」という声が多かったのだ。

私は考え込んでしまった。いったいなぜ、長年、誠実に高齢者を支援してきた人たちが、「備えなんてできない」と言うのだろうか。私が立てた「備えが必要」という前提が、高齢者の実情と離れていたのだろうか。それが実情にそぐわないとすれば、どんな視点が必要なのだろうか……。

そうしたことを考えていくうえで、参考になったのが、信頼する2人のベテラン支援者、ＥＧさん、ＦＯさんの意見だった。２人の考えを聞くうちに、いざというときのための生活知識や制度に関する情報や知識を、「備え」として持つことは重要だが、それと同時に、元気な高齢者や子世代に必要なことが他にもあると考えるようになった。

そのきっかけとなったＥＧさん、ＦＯさんの話を挙げよう。２人とも介護事業所の運営者で、50代である。

EGさん「将来、何かあったときのために備えようなんて考える人は、知識人だと思う。そういう人たちは、無様《ぶざま》な老後になりたくないと考えて、ある程度リスク管理ができる。

でも、一般の人は全然そうじゃない。行き当たりばったりで、まさに本に書いてあったように『ヨロヨロドタリ』。ヨタヨタ期が長くってね。

だから私は、備えより、年齢が20歳ぐらい違う人たちとのつながりが必要だと考えて、頑張ってる」

FOさん「一般の人が〝備える〟というのは難しい。困難というか、ちょっと無理。備えることができる人は、もともとある程度の力があるんだと思う。

でも、普通の人は、もう何も思いつかない。だから、考えて備えることができない人にとっては、つながり自体が力になると思うのです。別の人が持つ力を使うというか」

2人は、「人は、倒れたときのことを考え、備える力を持っている」という私の前提そのものが、いまの高齢者の現実にそぐわず、そうした意識を持つ必要性を説いても、実効性がない。自分でその力を持つことができない人にとって、必要なのは、その力を持つ人と「つながる力」だという。

多くの支援者の反応や、この2人の意見を聞いて、「高齢者自身が、備える力を持っている」という前提をいったん取り下げた。そしてもう一度、原点に返って、「ヨタヘロ期」の高齢者が在宅生活を続けて、その生活がギリギリのところまでいった場合、どのような形になるのか、それを知りたいと考えるようになった。

また、それを知ることは、「『日常生活を行う能力がわずかに低下し、何らかの支援が必要な状態』になっても自宅で暮らし続けたい」と希望する多くの高齢者にとって、ヨタヘロ期の在宅生活がどのような状況になるのか、そしてそれはどういった形で可能となるのかを知ることにもなり、意味あることではないかと考えるようになった。

そのうえで、いまのところ元気な高齢者は、その時期の生活を支えてくれる人を持っているのかどうかについても知りたいと考えるようになった。

長寿期高齢者に必要な「つながる力」

介護保険制度が定着した現在、多くの人が介護保険サービスを利用するようになっている。

たとえば「将来、排せつ等の介護が必要な状態になった時、誰に介護を頼みたいか」を高齢者に質問した調査では、配偶者と同居する高齢者では、「配偶者」が最も多く、同居者がいない場合は、「ヘルパーなど介護サービスの人」が最も多い（内閣府「高齢者の健康に関する調査」２０２２年）。

この調査は、排泄などの身体介護を聞いた結果だ。もし、多くの高齢者が在宅暮らしを希望する「日常生活を行う能力がわずかに低下し、何らかの支援が必要な状態（身体介護を必要とする手前の状態）の時、誰の世話になりたいか」という質問であれば、この傾向（ヘルパーなど介護保険サービスの利用を希望する傾向）はもっと強くなるだろう。

しかし、こうした調査には抜け落ちた部分がある。介護保険で「ヘルパーなど介護サービスの人」に介護を頼むにしても、要介護・要支援認定の申請手続きや、ヘルパーなどの支援者との関係調整をしてくれる人が必要になる。

元気な間は、「自分の力で最期まで生活できる」「子どもの世話にならない」「人の世話にならない」と考えていても、老いが進めば、自力では生活できなくなる。

そうなったとき、要介護・要支援認定申請手続きをはじめ、自分に代わってそれを担ってくれるキーパーソンが必要になる。

そして、キーパーソンとなって自分を支えてくれる人は、排泄介助や食事介助などの身体「介護」が必要になる以前の「ヨタヘロ期」にも必要で、そうした人がいなければ、生活を続けることができない。

そこで本書では、視点を、前著の「備える力」から、「高齢者のつながる力と生活問題」に変える。

そして新たに、在宅で暮らす70代～１００歳代の高齢者や、その子世代に話を聞くなかで、見えてきた長寿期高齢者の生活の実情、そこそこ元気な間の高齢者の「受援力」（援助を受ける力）について、考えていくことにしよう。

第1章　長寿期在宅「ひとり暮らし」「夫婦二人暮らし」の危機

（1）長寿期リスク――親の「遠慮」と、娘・息子の「油断」

根拠のない安心感「何とかやっていくだろう」

「郷里に年老いた親がいるが、電話で元気だと言っていたから、大丈夫なんだろう」都会に住む中高年者には、親のことが気にかかりながら、そんな思いで忙しい日々を過ごす人は多いのではないだろうか。

その安心感は、離れて暮らす親がひとり暮らしか、夫婦二人暮らしかで異なり、ひとり暮らしでも、それが母親か父親であるかによって異なっている。

ひとり暮らしの場合、父親より母親のひとり暮らしの方が安心するし、さらに、両親が二人暮らしを続けている間は、「盆・正月」の帰省はしても、根拠のない安心感で「二人で何とかやっていくだろう」と、その生活に無関心になってしまいがちである。

たとえ、両親とも超高齢者になり不自由さが増す暮らしになっていても、どちらかが弱っている場合でも。

もちろん家族関係は、家族ごとに多様で、人それぞれ。昔から仲が悪く、親の顔も見たくない。子どもの頃ひどい暴力を受け、親子の縁など切り捨てて生きてきた。気にかかっても、経済的に余裕がなく、自分が生きていくだけで精一杯。外国に住み、そうそう気軽に帰れない。……などなど、それぞれの事情が絡《から》む。

しかし、経済的に困窮して暮らしに追われるわけでもなく、特段親子関係が悪いわけでもなく、有給休暇も取れない厳しい職場環境でもなく、手がかかる子どもや病人がいるわけでもないにもかかわらず、先に述べたような関係になってしまう人がけっこう多いのは、なぜなのだろうか。

8割の高齢者が子と同居していた時代

もちろん、親子関係とは親と子が相互につくるものだから、「親任せ」の関係を、子どもの側が一方的につくっているわけではない。しかし、いまの高齢世代の親世代、つまり明治・大正初期生まれの高齢世代までは、子ども家族と同居し、その保護を受ける暮らしの方が多かった。

「昭和四三年の高年者実態調査によると、高年者中、現在、子と同居しているものは全体の八〇%、子と別居しているものが一四%、残りの六%は子がないものとなっている。子のある高齢者で子と同居しているものは八五%になり、別居しているものは一五%にすぎない」

1972年出版の書籍には、右のような人口問題研究者の報告がある（那須宗一、増田光吉編『老人と家族の社会学』垣内出版）。

ここでの「高年者」とは、当時子育て期にあった現在の高齢者の親世代にあたる人たちで、全体の80%が子どもと同居だという。わずか一世代の間に生じた高齢者の生活環境の、なんという大きな変化！

家族変化だけではなく、長寿化も進み、平均寿命も、1975年の男性71・73歳、女性76・89歳から、2023年には男性81・09歳、女性87・14歳へ。同時に、80代、90代のひとり暮らしだけでなく、夫婦二人で暮らす人も増えている。

元気な頃の親のイメージのまま、ハレの日だけのつき合い

こうした状況のなか、親が何らかの支えを必要とする年齢になっていても、離れて住む息子・娘との関係は、親がまだ若く元気だった60代、70代の頃の形にとどまっている。そういう家族がけっこう多い。なぜだろうか。

知人の50代後半の男性が、「親は80歳過ぎですが、僕が持つ親の年齢イメージは、親が60代ぐらいの元気な頃でフリーズしていますねえ」と語っていた。都会の大学に進学したのをきっかけに、卒業後もそのまま都会で暮らし、実家に帰るのは盆と正月だけ。そのとき目にする親の姿は、高齢でも、自分をもてなすために忙しく立ち働く姿で、それがいまも続いているという。

高齢でもまだ若い60代、70代くらいまでの親が、離れて暮らす子どもとつくる関係は、年に2回の「盆・正月」の帰省や、家族旅行などの家族イベント、結婚式、葬式、法事

などでの儀礼的つき合いだけ。これはいわば、子どもが成人したあとの親子関係が「ハレ（晴）の日」仕様のもので、日常生活で生じるさまざまな困りごとや苦労など、つまり互いの「ケ（褻）」の部分を、親子が互いに目にし、分かち合うことがない形のものである。

だから、「ハレの日」の、いつも以上に元気に振る舞い、うわべを繕《つくろ》った親の姿だけしか目にしてこなかった息子・娘が、老いが進み、自分の力だけでは生活できなくなった親を受け止め、どのような手助けが必要かを判断し、介護保険サービスの利用などにつなぎ、親もそれを素直に受け入れていく方向で親子関係を組み替えていくことは、なかなか難しい。

加えて、これは傾向として息子の立場の男性に多いのだが、実家の近くに姉妹や世話好きの従姉妹《いとこ》などの女性親族が住む場合、本人は自覚しないままに責任逃れの関係となりやすい。

なぜなら、「日常の家事や親の世話は、女の役割」という、ケアをめぐるジェンダー意識がしみついており、親が何を思い何を望んでいるか、どんな状況・状態にあるかを、親の態度や言葉の端々から読み取り、親のために自分がどんな手助けをすべきか、必要な支援は何かなどを考え、行動する力が、女性より乏しい人が多いからである（もちろん、娘の立場の女性でも、親の近くに、親と仲がよく、頼りになる他の兄弟姉妹、親族などがいる場合などは、同様の関係になりがちであるが）。

「息子らは仕事で忙しい」「迷惑をかけてはいけない」

こうした親子関係になりがちなのは、子どもの側に一方的に非があるわけでもなく、男性優位の考えや性別役割分担意識が強く残る、高齢の親側の意向も大きく関わっている。

近所に住む超高齢期の叔父夫婦の暮らしに姪の立場で関わる女性ＧＯさん（60代）は愚痴《ぐち》をこぼす。

ＧＯさん「90歳を超えた叔父と、89歳の叔母、２人が近所に住んでいるのですが、何かあると、すぐ私に電話してくるんです。息子２人は東京で、まあまあの暮らしをしていて、無理をすれば帰ってこられるのに、帰ってこない。で、いまの状況を叔父も叔母も息子たちにちゃんと伝えればいいのに、『あの子らは仕事で忙しい』と。それでいて私にはジャンジャン電話をかけてくる。私も忙しいのに。息子たちも、海外旅行に行く時間はあっても、親の様子を見に帰る時間はないみたい」

また、弟が1人いるが県外に居住、90歳間近の両親の自宅からバスで1時間ほどの距離に住む娘の立場の女性も言う。

HTさん「私は母に『弟もたまには親の様子を見に来なきゃいけない、弟にも手伝ってもらえ』と言うんです。でも、母が『来てもらわんでもいい、大変だから』と言うんです。私には遠慮なくあれこれ言うのに、弟には気を遣う。弟が来ても役に立たないと思っている。『食べることも心配、掃除もせんといけん』と。弟はお客さんなんです。『(弟に)帰らないでいいと断ってくれ』といつも私に言ってきます」

いまの高齢世代には、「親は子ども（特に〝働いている息子〟）に迷惑をかけてはいけない」「子どもの生活を乱してはいけない」と考える人が多い。なにしろ、自分たちが頑張って育てたからこそ、可能になった子どもたちのそこそこの暮らしである。自分たちが頼ることで、その生活を揺るがすわけにはいかない、と。

それに「男は家庭より、仕事が第一」「男は家事をするものではない」という親が持つ古いジェンダー意識が、窮地《きゅうち》に陥《おちい》ったときでも息子に支援を求めることを躊躇《ちゅうちょ》させ、若かった頃と同様、HTさんが言うように息子を「お客さん」扱いし、事態をとり繕い、息子がたとえ親思いだったとしても、親の苦境を知らず関わらないままの関係がつくられることは多い。

父親が先に倒れた場合なら、母親が息子・娘に助けを求めることもあるだろう。しかし、母親が先に弱り、暮らしの切り盛りを父親がするようになった場合は、男親の面子《めんつ》もあり、子どもに窮状を訴え、支援を求めることをためらい、ますます事態は悪化する。

超長寿化が進むなか、まだ元気だった頃の意識のままで歳月が過ぎ、親が超高齢期に達するか、それ以前でも、病気などで倒れたりすれば、土壇場《どたんば》まで行ってしまう。そうしたリスクをはらんだ親子関係になりやすい。

関わらなかったことを悔いる子世代

しかし、「離れて暮らしていたから」という理由で、親の苦境を知らないまま、深く関わることなく、親の死を迎えることは、子どものその後の人生に重い悔いを残す。

親と遠く離れて暮らし、最近親の死に目に会った2人の女性は言う。2人ともケア関係の職場で働く人である。

IKさん「87歳の父親が、先に弱った85歳の母の世話をしていました。じつは今年、父の方が先に亡くなってしまいました。『大丈夫』と言うので、母の世話を含め、暮らしのすべてを父に任せてしまっていたのが、亡くなった原因だと思います。娘として私があまり関わらなかったことを痛感し、すごく悔いが残っています」

ＪＹさん「きょうだいは兄と私の２人。どちらも実家を離れて30年。高齢の父が母の介護を在宅でしておりました。ケアマネ、ヘルパーを通し、いろんなサービスを父に勧めても、『いらん』『大丈夫、自分でできるから。必要ない』と利用しませんでした。いろんなことを拒《こば》む父に、遠くから手を差し伸べることもできず、結果として、誰も知らないうちに母が寝ている隣の部屋で、父の〝突然死〟ということになりました。

〝歳老いて頭がさらに固くなった父親に、もっとかける言葉はなかったのか〟〝私が親の近くに住んでいれば、こんなことにならなかったかも〟などなど、いろいろ悔やまれます。でも、こういう親を持つ人は、いまの時代、多いのではないでしょうか」

長寿期夫婦世帯が増えるなか、妻が先に倒れ、夫として介護を担う男性が増えている。ＪＹさんの父親のように社会から孤立し、介護サービスの利用も拒み、頑張った末に、妻より先に逝《い》ってしまう。こうした話はよく聞く話である。

ケア職に従事するＩＫさん、ＪＹさんも、仕事柄、こうしたケースが「いまの時代、多い」ことは知識として知ってはいた。しかし、それが自分の両親の暮らしと実感的に結びつかず、親を思う気持ちを持ちながらも、強引にでも親の暮らしに介入する機会もないまま、親の訃報《ふほう》を聞いている。

こうしたことを考えると、親の側の「子どもに迷惑をかけてはいけない」という「遠慮」、子どもの側の「大丈夫だろう」という「油断」で成り立つ親子関係を、このままにしていてよいのだろうか。今後、長寿期の親と離れて暮らす人がさらに増えていくなか、別の形に新たに組み替えざるをえないのではなかろうか。では、どういう形にすればいいのだろうか。

（2）高齢親の在宅暮らしの実態

慣れ親しんだ生活習慣を変えられない

長寿化がいまほど進まず、男女の平均寿命がともに70代だった「昭和の時代」であれば、子どもと離れて暮らしていても「大丈夫」な体力、気力、生活力が、老親たちにある場合が多かったかもしれない。

だが、気候変動による大幅な気温上昇、災害の多発、さらにインターネットの普及にともなうデジタル化、ＩＴ化など、近年の急速な生活環境の変化のなか、長寿期（超高齢期）になってひとり、もしくは夫婦二人で在宅で暮らす親を持つ場合、子世代はどのような関係をつくれば、のちのちの後悔を少なくすることができるのだろうか。

たとえば今年（２０２４年）の夏は猛烈に暑かった。猛暑日と名づけられた気温35度以上の日が連日続き、テレビ画面では毎朝、「のどの渇《かわ》きをおぼえる前に、こまめな水分補給をしましょう」「熱中症予防のため、夜寝るときもクーラーをつけましょう！」と呼びかけていた。

こうした暑さのなか、高齢の親と離れて住む娘・息子のなかには、親の暮らしが心配で、親に注意を促す電話をした人もいただろう。そして、「大丈夫、心配しないでいい。ちゃんとしているから」という声を聞き、安堵《あんど》した人もいただろう。

しかし、その「大丈夫」が「大丈夫ではなく」なっていくのが、長寿期の親のひとり暮らし、二人暮らしである。親の「大丈夫、心配しないでいい」という言葉を信じたばっかりに、あとで深く後悔する人が、今後さらに増える社会になってしまわなければよいが。

県外でひとり暮らしをする90歳を過ぎた母のことが心配で、電話を入れた60代の男性KAさんの場合、次のような次第だったという。

KAさん「今年はすごく暑かったでしょう。それで母に電話で何回か、『寝るときも冷房をきちんとつけて涼しくしておかないとダメだよ。それに水分補給もちゃんとしなきゃあ。ちゃんと水は飲んでいるの？　飲まなきゃいけないよ』と言っていたんです。でも、そのたびに、『大丈夫、あんたたちに言われんでも大丈夫、水くらいは飲む』、そう言うので安心していたんです。

で、車で30分以上かかるところに住む姉がいて、週に2、3回は通って食べ物なんかを届けてくれているんですが、その姉から電話があって。『行ってみたら、冷蔵庫に備えていた水の量の半分くらいしか減っていない』、それに『もったいないからって、夜は冷房を入れてないみたい』って。まあ、ほんと大変なんです」

いまの高齢世代には、テレビや新聞が「水分補給」や「冷房」の必要性をどんなに訴えていても、KAさんの母親のように、それを理解して自分の暮らしに取り入れる力を備えていない人が多い。

夏でもいまほど気温が上がらず、せいぜい扇風機ぐらいを使う暮らし。高い電気代がかかるクーラーなんかもったいないという節約意識など、長年身についた生活習慣が、近年の気温の変化に対応した行動をとることを難しくしている。

それに加齢とともに身体感覚も変化し、水分補給が必要な場合でも、さほどの渇きを感じない。また認知症と診断されてはいなくても、加齢とともに増える物忘れで、水をいつ飲んだかを忘れてしまい、「時間を決めて水分補給を！」と言われても、ついつい飲む量が少なくなる。その結果、熱中症になってしまう。

こうしたリスクは、老いが進めば、誰にでも生じかねないことである。


「柔軟性」「つながる力」を失うのが長寿期

だから、ひとり暮らし、夫婦二人暮らしにかかわらず、長寿期高齢者が在宅生活を続ける場合には、馴染《なじ》んだ生活習慣や生活の快適さレベルを変えていく本人の柔軟性、もしくはその力がない場合は、それを補う他からの手助けが必要となる。しかし、**その柔軟性、広く人とつながる力を失うのが長寿期**である。

先の「水分補給」「クーラーの温度」の話に続き、ＫＡさんは次のように言う。

ＫＡさん「それで、姉が食べ物なんかも母に届けていて、冷蔵庫の中にそれを入れて帰るんですが、母は入っていることを忘れる。すると僕のところに電話がかかってくるんです。『何も食べるもんがないから、梅干しとラッキョウでご飯を食べている』と。『姉さんが冷蔵庫の中に入れているでしょう』と言うと、『そんなもんは入っていない』と。

今後を考えると、同居するなら姉のところ、それか、施設しかないんです。でもどちらも嫌。『ヘルパーさんを頼もう』と言うのですが、『他人が自分の家に入るのは嫌』と、これも受け付けない。だから八方ふさがりで本当に困っているんです。どうしたもんですかねえ」

ＫＡさんの母親は、物忘れも進み、息子、娘の助言を受け入れる柔軟性も失われている。しかし、ＫＡさんの場合、それでも何かあれば、母親が息子にすぐ電話をする関係が保たれ、近くに母の暮らしを見守る姉が住み、きょうだい関係も良好だった。

しかし、親の近所に頼りになる兄弟姉妹もいなかった場合、誰がその危機に気づくのだろう。また、離れて住むのがひとり暮らしでなく、父と母の二人だった場合、二人がともにきちんと水分をとり、適切な室温で暮らしていけるだろうか。母親がその必要性を訴えても、父親が受け入れず、二人がともに危険にさらされるようなことはないだろうか。

高齢といっても、まだ若い70代前半ぐらいの親を持つ子世代の人たちのなかに、あと10年もたつと自分の親が80代を超え、こうした生活に陥るリスクを持つことを予想している人がどれくらいいるだろうか。長寿期（超高齢期）でも住み慣れた地域で暮らすための在宅政策が今後さらに推進されれば、KAさんのように親との間に〝八方ふさがり〟な難問を抱える人が増えるのではなかろうか。

こうした在宅で暮らす80代後半〜90代の高齢者が増え始めたのは、比較的最近である。これらの人たちが、住み慣れた家で日々どのように暮らしているか。その状況を、ヘルパーやケアマネージャー、訪問看護師など、介護・医療関連の仕事をする人たちは知っているかもしれない。

しかし、多くの人、さらに離れて住む子どもたちのなかには、知らない人が多いのではないだろうか。

「介護」ではなく、二人の「生活そのもの」

私自身、超高齢者の生活については、「介護問題の文脈」でなされた、要介護高齢者やその家族に関する研究報告や文献（特に、加齢とともに増える認知症や家族に関するもの）を通して知っており、また、90歳を超えてもスポーツや芸術分野などで活躍する「スーパー長寿者」の生活などについては、テレビ番組や報道などを通して目にはしていた。

しかし、そうした知識・情報は、医療、介護、栄養学などを専門とする研究者が、それぞれの問題関心の文脈、もしくは、その高齢者の「特別な能力」に焦点を当て、その人の暮らしの断面を切り取った形のものであることが多い。

だからそうした情報は、長寿期（超高齢期）高齢者本人や家族が、毎日の暮らしをどのように過ごし、何を考え、どんなことに困っているかなどについて、当事者視点から見たものとは異なる性格を持っている。

そうした点に関して、医療・介護の専門家や研究者の見方と、高齢者本人が生活当事者として捉える暮らしや考え方とが異なるという事実を、社会学者の故・加藤秀俊《ひでとし》さんが、著書『九十歳のラブレター』で述べていた。加藤さんが91歳のときに出版されたもので、89歳で死去した亡き妻との生活を偲《しの》んで書いたものだ。

夫婦にはそれぞれ、難聴、胃がん手術の後遺症、歩行力の低下、認知症による記憶力の低下などがあり、夫婦ともに病院通いをする生活について、当事者の立場からの考えを記した箇所だ。

「(自分たち夫婦) それぞれが宿痾《しゅくあ》を持っていることにちがいはなかった。ともに悪化することはあっても完治することのない不治の病である。だから、ぼくたちはおたがいを気づかいながら老年期をすごしていたことになる。

それを世間では「老々介護」という。だがぼくたちには「介護」という意識はまったくなかった。「きょうはぐあいはどう?」「うん、だいじょうぶ」とおたがいに体調を毎日のようにたしかめあい、どこかに異常があればそれなりに助けあうことは生活そのものであって、決して「介護」という名から連想されるような苦役ではなかった」

（加藤秀俊『九十歳のラブレター』新潮社、２０２１年）

加藤さんは、「宿痾」を持ち病院通いを続ける不自由さを抱える夫婦の暮らしが、医療・介護関係者や世間からは「老々介護」と見なされるだろう、しかし、それは互いに「助け合う」形で生きてきた自分たち夫婦の「生活そのもの」であって、不自由な生活も「苦役ではない」日常だ、と述べる。

多くの高齢者は、加藤さんと同様、長寿期になれば誰でも病気のひとつやふたつ持っている。介護保険サービス利用のため、医療機関を受診し、介護認定を受け、「認知症」「要介護度〇〇」の人も多いのだが、本人視点からすれば、「自分は介護度〇〇の〝要介護者〟」ではなく、その人の若い頃から続く生活の延長線上で「私の現在《いま》」を生きる人である。

そして、加藤さんが語るこうした生活感覚は、私自身、長寿期高齢者の話を聞く仕事を続けるうちに、長寿期でも住み慣れた自宅で暮らし続けている高齢者に、広く共通する感覚だと感じるようになった。

90代の在宅高齢者3人の会話

そうした事実を痛感した場面があった。私の友人（68歳）が、「90歳の母親が『長らく会っていない姉に会いたい』と言うので付き添ったが、そのときの母と伯母夫婦3人の会話がすごく面白かったので、書きとめた」というその記録を見せてもらったときのことだ。

友人の母親は90歳。母親の姉（友人から見ると伯母）が93歳、その夫（友人から見ると伯父）が96歳だという。

母親「すっかりご無沙汰して、気になりながらも自分の身体のことで精一杯で。兄さん、変わってないですねぇ。元気そうじゃゃ！」

伯父「いやぁ、歳をとったよのぉ。はあ、死んでもええ思うんじゃが、なかなかお迎えが来てくれんから、死なれもせん」

伯母「ほんまよ、早《はよ》う迎えが来ればいいのに、来てくれん。しんどうていけん」

伯父「あんたは、何歳になったんか？」

母親「もう、私も90になってしもうた」

伯父「わしが96になったんじゃが、そうかぁ、あんまり変わらんの」

母親「兄さんも姉さんも、歩くのはどうなん？」

伯父「杖《つえ》をついたり、手すりを伝って、まあ歩ける。じゃが、外には出れんようになった」

伯母「私ももう93。杖をついて歩くのがやっとで、しんどい。はあ、流しには長く立てんようになった」

妹が90歳で、姉93歳、そしてその夫が96歳。姉妹2人とその夫が、ともに90代であることに驚くとともに、近い将来、この年代の超高齢者の在宅生活が普通の社会になるのだろうか、とも思った。

そして、本著で取り上げていくのも、この3人のように、そこそこ元気で、若い頃からの延長線上の暮らしを在宅で過ごす人たちの生活問題である。

この人たちのなかには、介護保険にまだつながっていない人と、介護保険につながっている人の両方が含まれている。

だが、介護保険を利用し、支援者たちからは「要支援1の人」「要支援2の人」と呼ばれても、本人たちは自分自身を、「支援が必要なお年寄り」とは思わず、その年齢感覚は「60代、70代に続く現在を生きる」人たちだった。

それらの人たちの話は、「へえー、この年齢になっても人間とはこうなのか」「長寿期になっても住み慣れた家で暮らし続けるとは、こういうことなのか」「こんな暮らしが日本に始まっているのか!」「夫婦二人とも長生きするのは、女性にとってなんと過酷なことか」などなど、驚き、考えさせられることばかりだった。

そうした視点で長寿期の在宅高齢者に話を聞いていったとき、何が見えてきたか。

近年増えつつある超高齢在宅夫婦二人暮らしと、離れて暮らす子世代との関係の変化はどのような特徴を持つか。

さらに超高齢期在宅生活をギリギリの時点まで続けた場合、その夫婦関係はどのような形になりやすいか。

また、問題を抱えた場合、助けを求め、支援機関につながる「受援力」はあるか。

こうしたことに触れながら、現在増えつつある長寿期在宅夫婦二人暮らしに潜む生活リスクを、ひとり暮らしの生活問題と比較しながら見ていくことにしよう。

第2章　増える長寿期夫婦二人暮らし

（1）長寿期在宅夫婦二人暮らしの増加

地域包括支援センターの支援者たちの言葉から

コロナ禍以降、離れて住む親のことが気になりながら、実家に帰ることができなかった。移動制限が解かれ、数年ぶりにやっと実家に帰ってみると、親の老いがどんどん進んでいた。

電話で聞く「元気にしているから、心配しないでいい」という声と、現実との落差は大きく、今後、親たちはどうするつもりなのか、自分はどう考え、どう行動すればいいのか。そうした親の問題に直面し、戸惑った人も多いのではないだろうか。

「盆や正月の時期には、帰省した娘さんや息子さんが親の衰えを知って、〝これは大変〟と相談に来られるケースがどっと増えます」

地域包括支援センターの支援者から、こうした言葉をよく聞く。離れて暮らす子どもが親の暮らしについて持つイメージと、実態とが大きくズレているのは、よくあることである。

都会で暮らす働き盛りの子どもたちが、親と同年輩の高齢者と身近に接する機会はほとんどなく、テレビなどマスコミ報道で目にするのは、元気で特別の能力を発揮する「お達者高齢者」か、支援対象者としての「弱者扱いの高齢者」ばかり。

そんななかで、自分の親は「普通」で「そこそこ元気」な高齢者と思っている子どもたちが、加齢とともに親たちが何に困り、どんな暮らしに陥っているか、具体的イメージを持つのはなかなか難しい。

子どもたちとしては、「元気に過ごしている。大丈夫、心配しないでいい」という親の声を頼るしかないのだが、それは必ずしも親の実情を語るものでもない。親のなかには、「大丈夫でない」場合でも、「迷惑はかけられない」と子どもに弱音を吐かない、真実を告げない人がけっこう多いことは、前章でも述べてきた。
超高齢化が都市部よりずっと以前に進んだ、人口3万1600人、高齢化率44%、75歳以上が28%という中国地方のS市の、地域包括支援センターの支援者の集まりに参加した際、次のように質問してみた。

「80歳を過ぎて高齢者のみで在宅暮らしをしておられる方たちからの相談で、多いのはどんなことですか」

返ってきたのは次のようなものだった。

「足腰が弱り買い物に行けなくなった。ひとり暮らしなので困っている。どうすればいいか、といった相談が以前より増えたと思います」

「交通事情も悪くなり、買い物をしても、大きなもの、重いものが持ち帰れない。

何か手段はないか、というのが多いですね」

「長寿期になると、食事に関する問題を抱える人が増えます。食事をつくるのがしんどい、食べ物が偏《かたよ》る。民間の配食サービスは高額で払えないという人もいる。いろいろです」

「男性高齢者に多いのですが、難聴で聞こえが悪い方で、思い込みが強い場合など、対応が難しかったりする。コミュニケーションをいかに成り立たせるかが問題。家族がいない方はけっこう孤立されていて、親戚とも、他の誰とも、連絡をとっていない」

「支援が必要と思われる高齢二人暮らしも増えていて、夫がサービスを受けたくても、妻から『自分でやるからいらない』と拒否される。または逆のケースもあって、夫婦二人暮らしの問題がけっこう難しい」

「本当は困っているはずなのに、人の手を借りたくないという傾向が強く、サービスの受け入れに時間がかかる高齢者が多いと思います」

こんな困りごとは、離れて暮らす子どもたちに伝わっているだろうか。

高齢者と離れて暮らす子どもとの関係についても、「支援者として、どのように見ておられますか」と聞いてみた。

「高齢の親の思いの一番は、子どもに迷惑をかけられない、面倒をかけてはいけないというもので、親の生活実態は子どもに伝わっていないと思います」

「遠方に住んでいても、実家の近所の人とつき合いがある子どもさんや、数日間泊まりがけで帰ってくる子どもさんは、親の暮らしの問題を実感して対応することができるけれど、電話だけとか、日帰りで短時間のみ滞在の場合は、問題が見えにくくいと思う」

「子どもの存在というのは親にとっては一番だから、電話してほしいし、顔も見たいと思うんです。（地域）包括（支援センター）にみてもらうより、どれだけうれしいか。でも、迷惑はかけられないと子どもに遠慮して、その思いを抑えておられる方が多い」

「すべて家族が対応することはできなくても、公的サービスや家族の役割を、一緒に考えられたらいいのですが。なかなか難しい」

地域全体が高齢化し、高齢者のみの世帯が増え、その人たちの暮らしを日常的に目にすることが増えた現在、支援者も、地域に暮らす周囲の人の目も、以前と比べるとずいぶん変化している。

かつては強かった「親を放っておいて、子どもたちは何をしているのか」と、子どもの保護責任を追及するまなざしも弱まってはいる。

だが、支援者たちの話からは、70代までは元気だった高齢者も、80歳を過ぎ、それも80代半ばを超えると、老いが大きく進む。そのなかで命に関わる毎日の食事をどうするかという問題、さらに、足腰が弱り歩行能力が弱った人、聴覚や視覚に不自由さを抱える人もいて、つながりを失い孤立する人が増え、支援者だけでは手に負えなくなりつつある実情が伝わってくる。


夫婦二人なら、超高齢期でも「大丈夫」!?


ところで、このような問題を抱えた高齢者に対する人々のまなざしは、子どもと同居か別居か、別居の場合でも近居か遠居か、また、ひとり暮らしか夫婦二人暮らしなのかで、異なる。

同じひとり暮らしでも、男性ひとり暮らしより女性ひとり暮らしの方が、家事能力、社会関係能力がある分、安心感を持って見られる。

さらに、ひとり暮らしより、夫婦二人暮らしの方が、「何かあったら、どちらかがどうにかするだろう」という期待が関わって、「大丈夫」だと見なされやすい。

こうしたまなざしの違いは、それぞれの問題が社会問題化される場面でも同様に見られる。人とのつながりが薄い人が多い男性ひとり暮らし問題は、「男性の社会的孤立問題」、経済水準が低い人の割合が多い女性ひとり暮らし問題は、「女性の貧困問題」として取り上げられることが多い。

だが、夫婦二人暮らしの問題は、「老老介護の末の殺人」という形で「介護問題」の文脈で扱われることはあっても、長寿期（超高齢期）在宅夫婦二人暮らしがはらむ生活リスクが問題として取り上げられることは少ない。

その背景には、いまのところ多くの人が日常的に接触し、目にする機会が多いのが、70代までの、車の運転もでき、社会活動への参加も活発な、元気な夫婦二人暮らしの人だということ、また、地域で暮らす超高齢期夫婦と接触する機会が少ないこと、などがあり、それが、「夫婦二人暮らしだから大丈夫」というイメージにつながっていると思われる。

だが、在宅政策が進み、また健康意識の高まりとともに平均寿命が上昇するなか、超高齢期を夫婦で暮らす人が増え続けている。

80代半ば男性は約8割で「妻が存命」

まず、超高齢期に配偶者がいる人の割合が大きく増えている事実を、1985年と2020年との比較で見てみよう（資料5「人生100年時代の結婚と家族に関する研究会」〔第8回〕配布資料「結婚と家族をめぐる基礎データ」）。

75歳以上の男性高齢者の有配偶率を見ると、平均寿命が男性74・7歳、女性80・4歳だった1985年には、配偶者がいる人の割合が、75歳時では81・5%、80歳時では71・3%だが、85歳以上になると47・9%と、半数に満たない割台だった。

それが、平均寿命が男性81・56歳、女性87・71歳で、新しい年齢区分も加わった2020年になると、男性の有配偶率は、75歳時で82・7%、80歳時で82・5%、85歳時で77・8%、90歳時で65・6%。95歳時でも45・6%と、超高齢期でも上昇。

現在では男性の場合、80代半ばまでの約8割、95歳時になっても約5割の人で、妻が存命である。驚くべき数字ではないか。

資料5　高齢者の有配偶率

男性

1985年

年　齢	70歳	75歳	80歳	85歳以上
未婚（%）	1.0	0.8	0.7	0.7
有配偶（%）	88.2	81.5	71.3	47.9
離別（%）	1.5	1.3	1.1	0.9
死別（%）	9.3	16.4	26.9	50.5

2020年

年　齢	70歳	75歳	80歳	85歳	90歳	95歳	100歳以上
未婚（%）	10.0	5.4	3.0	1.9	1.2	0.9	1.7
有配偶（%）	79.1	82.7	82.5	77.8	65.6	45.6	24.5
離別（%）	6.2	4.7	3.4	2.1	1.3	1.0	0.9
死別（%）	4.6	7.2	11.1	18.3	31.9	52.5	72.9

女性

1985年

年　齢	70歳	75歳	80歳	85歳以上
未婚（%）	1.9	1.4	1.0	0.8
有配偶（%）	46.1	31.3	17.6	5.2
離別（%）	2.8	2.1	1.8	1.4
死別（%）	49.2	65.2	79.5	92.5

2020年

年　齢	70歳	75歳	80歳	85歳	90歳	95歳	100歳以上
未婚（%）	5.2	4.4	3.7	3.6	3.7	3.4	2.6
有配偶（%）	70.4	62.4	48.7	29.8	13.5	4.3	1.7
離別（%）	8.5	6.7	5.0	3.7	2.8	2.5	1.8
死別（%）	15.9	26.4	42.5	62.9	79.9	89.7	94.0

出所：内閣府男女共同参画局「人生100年時代の結婚と家族に関する研究会」（第8回）配布資料「結婚と家族をめぐる基礎データ」より抜粋。表は総務省「国勢調査」より男女共同参画局作成。

女性の場合、その割合は、1985年には75歳時で31・3%、80歳時で17・6%、85歳以上で5・2%で、80歳時で夫がいる人の割合は2割以下、さらに85歳以上になるとわずか5%にすぎなかった。

それが2020年になると、80歳時で48・7%、85歳時で29・8%へと増え、女性の場合も80歳時で約5割、85歳時であっても約3割の人たちは夫が存命である。

長寿化が急速に進むなかで、男女ともに夫婦として生きる期間が延びているといえる。有配偶者割合を示すこの数値には、施設・病院入所中の人や、諸事情で別居の人も含まれるだろう。そこで現在の時点で、超高齢期男性がどのような家族形態で暮らしているかを「国勢調査」(2020年)の結果で見てみよう(資料6)。

平均寿命の性差も関わっているため、女性では、ひとり暮らし世帯や施設などで暮らす人の割合が多いが、男性の場合、85歳以上でも、夫婦のみ世帯が35・8%、夫婦と子どもの世帯は12・5%で、これらを合わせた夫婦二人がともに暮らす世帯は48・3%とほぼ半数を占める。それは男性のひとり暮らし世帯14・6%、男性のひとり親と子世帯5・9%、その他の世帯18%、施設等13・2%と比べ、大きい割合を占めている。

資料6　高齢者の家族形態（2020年）

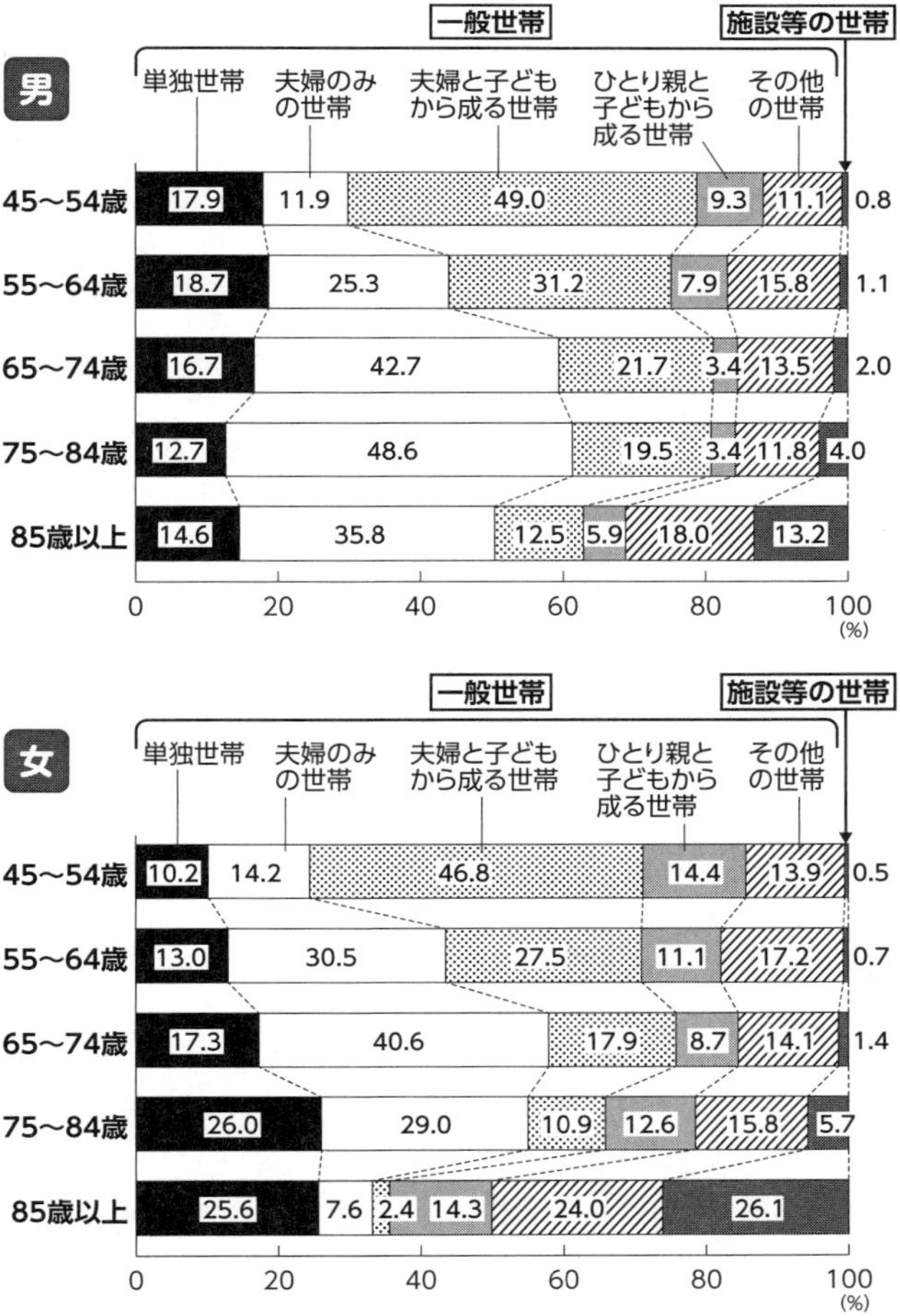

出所：総務省統計局「令和２年国勢調査 人口等基本集計結果 結果の概要」
https://www.stat.go.jp/data/kokusei/2020/kekka.html

こうした変化は、現在75歳前後の団塊の世代が85歳に達する10年後には、さらに進み、世帯主が85歳以上の超高齢世帯が、2020年の305万世帯から、2035年には560万世帯へと、255万世帯も大幅に増えることが予測されている（国立社会保障・人口問題研究所「日本の世帯数の将来推計」2024年）。

この推計を報じるマスコミ報道には、「単身世帯の増大」問題として、85歳以上の超高齢「ひとり暮らし」世帯が、2020年の147万世帯から、2035年の278万世帯へと、131万世帯も増えることに注目したものが多かった。

しかし、加齢にともなう生活リスクが高まる超高齢者が夫婦で暮らす世帯が81万世帯も増えるという事実、しかも、人数としては、ひとり暮らし高齢者の数より多いという事実は、もっと注目されるべきではないだろうか（＊注：81万世帯の増加の内訳は、「夫婦のみ世帯」が68万世帯から128万世帯へ、「夫婦と子の世帯」が22万世帯から43万世帯へ増加の合計）。

なぜなら、元気な人が多い70代までの高齢者と比べ、80歳を過ぎた長寿期になると、加齢にともなう身体的能力、認知能力の衰えが大きく進むからである。加齢とともに、認知症、転倒による骨折、関節疾患などの発症率が上昇するが、その割合が高いのが、男性より食事づくりや家事など、ケア役割を担う女性である。そしてそのことが、70歳までと同じ生活を維持することを難しくする面があるからである。

超高齢期の在宅夫婦二人暮らしの生活問題に注目する

ケア役割を妻が担う「性別役割分担」で生きてきた夫婦が圧倒的に多い、現在の超高齢世代の場合、夫が先に弱っても、妻が元気であれば、従来通りの生活を維持することも可能だろう。男性のなかには、「要介護になったら妻に介護してもらえる」と信じて疑わない人も多いくらいだ。

しかし、妻が夫より先に弱り、家事能力、ケア能力に支障をきたすようになった場合、どうなるか。自分ひとりの食事をつくるだけでも大変だが、夫婦二人分となると、もっと大変である。

妻が衰え弱っていくなか、そうした役割を、夫婦のどちらが、どのような形で、どの時点まで、担い続けるのか。その力を妻がいよいよ失ったとき、離れて住む子どもや支援機関に夫婦のどちらが支援を求めるのか。

どちらにもその力がなくなったとき、誰が夫婦を支援につなぐのか。それは要介護・要支援認定を申請し要介護認定を受け、「老老介護世帯」という社会的認知を受ける以前の、超高齢夫婦の生活問題だといえよう。

しかし、現在まだ70代で、「元気だから大丈夫」「夫婦そろっているから大丈夫」と、親も子も、そして世間も思っているうちに、「最期まで自宅で暮らす」ことを望む人も多い団塊世代が、あっという間に超高齢期に達してしまう。

だとすると、在宅ひとり暮らしが増大する問題と同様、こうした**超高齢期在宅夫婦二人暮らしの増大も、もっと関心を持たれてもいいのではないか。**

そこで、こうした問題をさらに考えるために、生活維持に関わる食事づくりや家事、外部との関係づくりといった女性のケア能力は、加齢とともに超高齢期にどう変化していくのか。それに応じて夫婦の役割関係は組み直されるのか、されないのか。組み直されない場合、どのような事態になっていくのか。これらについて、ひとり暮らし女性の場合と比較し考えながら見ていこう。

消えた子世代への「しゃもじ渡し」「ヘラ渡し」

生きるために必要な毎日の食事づくりや家事、外部との関係を維持する営みを、超高齢期のひとり暮らしの人が、自分ひとりのために続けることだけでも大変だが、夫婦二人暮らしの場合、自分の分だけでなく、夫の分までもがある。

私が話を聞いたひとりの女性支援者は、次のように語っていた。

「妻として母として生きてこられた女性の場合、家事を担い、ご主人や子ども、家族がうまくいくようにといろいろな気遣いをし、みんなのケアをする立ち位置でやってこられて。みんなから頼られているといえば頼られているのだけど、その頼られていることをいつまで続けるのか……というのは、問題ですよね。

その辺のところが、大変ですねえ。こんな人は一生、どんな立ち位置になっても、ずっとずっと自分は殺しておいて、人のためにばっかり、生きなきゃいけないのか。そう思うことがあります」

だが、この女性支援者が語るような、超高齢期の女性が夫や子どもなど、他の家族員のためのケア役割を担い続ける暮らしが、昔からあったわけではない。

なぜなら、いまの高齢者の親世代までは、平均寿命も短く、妻より先に亡くなる男性が多かったからだ。

それに、かつては子ども家族との同居が一般的で、高齢になると、子世代の女性（多くの場合、息子の妻＝「嫁」）に食事づくりを委《ゆだ》ねることが可能な人の方が多かった。

戦前の「家」制度のもとでは、息子が跡継ぎとして「家」を相続するのと同様に、嫁（息子の妻）に「しゃもじ渡し」「ヘラ渡し」という形で、それまで姑《しゅうとめ》（息子の母親）が担ってきた家事の一切を、譲り渡す民俗慣行が広く見られたという。

また、家族のための食事づくりには、普段（「ケ（褻）」の日）の食事以外に、盆や正月、家族の年中行事など非日常（「ハレ（晴）」の日）の食事づくりがあるが、それも、同居する息子の妻が「嫁」扱いされる旧弊が残っていた１９８０年頃までは、「嫁」が担う家も多かった。

それが、親子が別々に暮らす慣行が一般化するなか、子どもたちが実家に里帰りして「母親の手料理」を食べる形に変わっていったのだ。

超高齢女性は倒れるまで食事をつくり続けるのか

こうして見ると、80歳を過ぎた女性たちが、日常（「ケ」の日）の食事も、「ハレ」の日の食事もつくり続けるという現象は、「専業主婦」として多くの女性が生きることが可能になった現在の高齢世代になって初めて見られるようになったものにすぎない。

そういう意味では、現在の高齢女性が経験している食事づくりの困難は、歴史上初めてのもので、この先起こる事態は、他の国に先駆けて長寿化が進んだ日本での「人類未踏」の事態だといえないだろうか。

そうしたなか、超高齢夫婦二人暮らしが、今後さらに大量に増えていった場合、女性たちは倒れるまで食事をつくり続けるのだろうか。それとも、老いが進むなか、夫婦で協力し合い、力を合わせていくのか。そしてそれができない場合には、誰がその食事づくりを担うのだろうか。

現在でさえ、深刻なヘルパー不足の状況だといわれるのに、十数年後、ヘルパーは確保できるのだろうか。

「おまえ、百までわしゃ九十九まで、ともに白髪の生えるまで」という昔の唄がある。歌詞を読むと、おまえは夫を指し、わしは妻を指すとのことで、女性の側が夫に100歳まで生きてほしい、夫婦そろって長生きしたいと願う内容のようだ。

だが、子ども家族と同居し、子や孫に守られて暮らしたかつての時代ならともかく、現代の高齢女性は、夫婦二人の在宅暮らしを、100歳まで続けたいと願うのだろうか。

食事づくりをはじめ、命と健康に関わるケア役割は、生きている限り、毎日、誰かが担い続けねばならない。超高齢で在宅で暮らす人たちの生活で、そうした役割は、誰が、どう担っているのか。子どもや地域の人をはじめ一般の人は、そうしたことについてどう考えているのだろうか。

超高齢で在宅暮らしを続ける高齢者、その家族の話を聞いていくと、一般には70代前半までの高齢者のイメージのままで見られることが多いが、それと連なる面はあるものの、それとは異なる状況、超高齢ならではのリスクをはらむ事実も見えてきた。

そこで次からは、「介護問題」として語られることが多い超高齢者の問題を、「生活問題」の視点、特に在宅生活を支える女性の、食事づくりをはじめとする家事能力の陰りに焦点を置いて見ていくことにしよう。

（2）長寿期女性の家事能力の陰り――落胆と焦りと不安

「食事づくり」にともなう数々の困難

親・子両世代が別々に暮らす家族が増えるなか、命と暮らしを守るための家事、なかでも食事づくりを、長寿期になっても自分たちでするしかないひとり暮らし、夫婦二人暮らしが増え続けている。

そして、加齢とともに、足腰もまだ丈夫で、車の運転もできた60代や70代前半までには考えてもみなかった食事づくりの困りごとが増えてくる。

70代半ば過ぎから80代半ばまでの女性たちの集まりで、「70代前半ぐらいまでの元気なときには考えてもみなかった、食事をつくるときの困りごとがありますか。それはどんなことですか」と聞いてみた。

「買い物に行くのがしんどくなった。歩くのもしんどくなったし、重いものを持つのがしんどくなった」

「買い物に行っても、必要なものを買い忘れることがときどきある」

「食事をつくるのが面倒と感じるようになった」

「食品パック、飲料のふたを開けるのに苦労する」

「立ち続けるのがしんどくなって、途中で座って休むことがある」

「料理の味付けがうまくいかないなあと思うことがある」

「コンロの火の消し忘れが不安で、気になるようになった」

「調理中にやけどをしたことがある。こんなこと一度もなかったのに」

「火をうっかり消し忘れて鍋を焦がしたことがある」

「レンジから料理を出し忘れる」


深刻さの度合いはそれぞれ違うが、たった10人ほどの集まりでも、これだけの困りごとが語られる。

「食事をつくる」とは、単に調理だけをすればいい、というものではない。80代にもなると、60~70代の高齢者に比べ、歩行能力や体力が大きく低下する。

車の免許証を返上した高齢者にとって、まず関門となるのは、食材調達のための「買い物」である。「買い物難民」といわれるように、地域によっては、馴染みの商店街や小規模スーパーが閉店し、遠くの大型スーパーまでどうやって行くかがひと苦労。

やっと店にたどり着いて商品を手に精算しようとレジに行けば、キャッシュレス対応でどうすればいいかわからず、右往左往。

無事購入できたとしても、調味料などの重い荷物をどうやって家まで運ぶか。自宅にたどり着くまでには坂道も階段もある。昨今は運転手不足で、タクシーも簡単にはつかまらない、などなど。買い物ひとつにも、いくつもの「面倒」が押し寄せる。

体力があって車を運転し、スマホ操作も難なくこなす若い人たちには、こうした高齢者の苦労など、想像もつかないことだろう。

「買い物なんか、生協やスーパーなどの宅配サービスを利用すればいい」。そう考える人がいるかもしれない。だが、そうしたとして、何を注文したかを忘れ、同じものを何度も注文してしまうこともある。

さらに届いた食材を調理し終えるまでが、またひと苦労。筋力が衰え、調理する短い間でさえ、腰の痛みや膝の痛みで立ち仕事がしんどくなる。手はこわばり、フライパンの重ささえ持てあます。火の消し忘れが怖く、揚げ物料理をするのが怖くなる。……などなど、ここでもさまざまな「面倒」が待ち受ける。

「料理で困ること」の内容の変化

このような難題を抱えながら、80歳を過ぎ、90歳に至っても、食事づくりをはじめとする毎日の家事を担う暮らしの女性たちが多数いる、そうした事実を国の調査も報告している。

まず、「高齢者の健康に関する調査」（内閣府、2022年）で、「食品・日用品の買い物」に関する女性の回答を年齢別に見てみよう。

「食品・日用品の買い物」を「自分でしている」割合は、75〜79歳で87・6％と、ほぼ9割を占める。それが、80〜84歳では71・4％、85〜89歳で37・4％、90〜94歳で20・0％と、80歳を境に減少するが、とはいえ80代後半で4割弱、90代前半でも約2割の人が、自分で担い続けている。

さらに、「食事の用意」を「自分でしている」割合を見ると、その割合は「食品・日用品の買い物」よりも多く、75～79歳で89・6％、80～84歳で80・5％と、80代前半までは8割を超える人が担っている。

80代後半になると大きく減少するが、それでも85～89歳では49・6％で約5割、90～94歳では34・0％と約3割の人たちが、「食事の用意」を自分でしている。

また、国立健康・栄養研究所による高齢者を対象にした調査（「地域高齢者の食生活支援の質及び体制に関する調査研究事業」平成25年3月）は、80歳を境に「食事づくりの困りごと」の内容が、70代までと比べて変化する事実を報告する。

「料理で困っている内容」の選択肢として、「体力的に大変（無理）である」「調理の仕方がわからない」「献立を考えるのが大変（面倒）である」「レパートリーが少ない」「火を使うことに不安がある」を挙げ、「困りごとの有無」を質問するが、介護保険の利用に至っていない二次予防事業の対象者（＊要支援・要介護状態となるおそれの高い状態にあると認められる65歳以上の人）の女性の回答結果から見てみよう。

「困っている内容」で、70代までの方が80歳以上より多いのは、「献立を考えるのが大変（面倒）である」「レパートリーが少ない」である。

それに対し、80歳以上で増えるのは、「体力的に大変（無理）である）」「調理の仕方がわからない」「火を使うことに不安がある」の3つである。

こうした背景には、体力と認知機能の低下が大きく進む80歳以上の長寿期高齢者人口の増大が大きく関わっている。

多くの人が抱える「認知機能の低下」――他人には話せない

長寿期の認知機能の低下について、厚労省の基礎資料となった朝田隆氏を研究代表者とする調査結果を見てみよう（38頁、資料3参照）。

認知症の人は、65歳以上の高齢者の4人にひとりを占め、462万人。「正常と認知症の中間」であるMCI（軽度認知障害）の人が7人にひとりの400万人。

その割合は年齢とともに上昇し、認知症有病率は、女性の場合、70〜74歳で3・8%、75〜79歳では11・0%と1割ほどであるが、80歳以上になると、80〜84歳で24・0%、

85～89歳では48・5％、90歳以上で71・8％と、5歳刻みで大きく増える（男性ではそれぞれ、3・4％〔70～74歳〕、9・6％〔75～79歳〕、20・0％〔80～84歳〕、35・6％〔85～89歳〕、42・4％〔90歳以上〕）。

しかも、認知症と診断されながら介護保険を利用していない人の割合は34・2％と、ほぼ3割に達することが報告されている（研究代表者 朝田隆「都市部における認知症有病率と認知症の生活機能障害への対応」平成23～24年度）。

こうした事実は、在宅で暮らす長寿期高齢者のなかには、加齢による認知機能の低下がある人、軽度の認知障害がある人（ＭＣＩ）、認知症の人、しかも介護保険につながっていない人が多数含まれる事実を示唆している。

そして、そのなかには、不安を抱えながら、毎日の食事づくりや家事を続けている人がいるに違いない。内閣府実施の調査や、国立健康・栄養研究所実施の調査結果に示された、70代前半頃までと80代以上で質的に異なる食事づくりの困りごととは、その事実を映し出している。そう考えるべきだろう。

しかし、そうしたなかで担われる食事づくりや家事での困りごとは、同年代の親しい間の人たちのなかで語られることはあっても、社会的に大きな声としてあげられることはない。なぜなら、専業主婦の時代を生きてきた現在の長寿期世代には、女性が食事づくりや家事を担い続けるのがあたりまえと考え、なおかつ認知症についての誤った理解を依然として持ち続けている人が多いからである。

つまり、体力の衰えに関わる「瓶《びん》のふたが開けられない」「買い物に行くのがしんどい」などの困りごとについては人に語られても、認知機能に関わる困りごとについては、人の噂《うわさ》を恐れ、「そうなったらおしまい」と考える本人の差別意識も加わり、さらに何より「自分はこれからどうなっていくのか」の不安感も関わり、他人に語ることが控えられる。

落胆、焦り、不安——「母が見た世界」

精神科医で認知症専門医の齋藤正彦さんは、「食事づくりの困難」と認知機能との関わりについて、著書『アルツハイマー病になった母がみた世界』（岩波書店、２０２２年）で、次のように説明する。

「料理が上手にできないということは、料理のプロセスで手際が悪くなる実行機能の障害、塩を加え忘れたり、逆に、すでに塩を振っているのにもう一度やってしまったりといったことの原因となる記憶の障害など、さまざまな要因で起こります。鍋を焦がすのも、鍋が火にかかっていることを忘れるという記憶の問題であると同時に、一度に複数のことをしようとして注意が逸《そ》れてしまうことなどさまざまな認知機能低下と関連しています」

齋藤さんは、同著で、自分の母親の、64歳から85歳までの約20年間の日記をもとに、認知機能と食事づくり能力の関係を読み解いている。そして、専業主婦として生き、料理の腕が自慢だった母親にとって、食事づくりの失敗が自尊心を揺るがすものだった事実を示すものとして、母親の日記の一部を紹介する。

その日記が書かれた時期は、母親がまだ活発に社会活動をしていた77歳のとき。母親は84歳のときに認知症と診断されるのだが、この頃はまだ、ひと月の「外出件数は三〇回を超え」、自宅への来客数も「一か月に二、三人」はあった頃だという。

「庭の蕗《ふき》をとって 筍《たけのこ》 と煮たら最後のところでまた焦がしてしまった。情けないよう危険なので粗相《そそう》のないよう十分気を付けなくては。夜はがっかりしてしまった」

「先日焦がした蕗をもう一度、今度はツワブキと煮る。（中略）うまくできたが、また別の煮物で焦がしてしまった。本当に嫌になってしまう」

「料理がうまくできなくて情けなくなる。この頃めっきり下手になって困る。一所懸命してもどうも味付けがぴんと来ない」

ここには、外には語られることのない「落胆」や「焦り」「不安」が語られている。しかし、当時、彼女と交流していた友人・知人たちは、彼女がひとりになったとき、食事づくりの失敗を悩む日々を過ごしているなどとは、夢にも思わなかったのではなかろうか。

そして、この齋藤さんの母親と同様、80歳を過ぎた女性たちのなかには、傍《はた》からは元気と思われながらも、以前には考えられなかった失敗をする自分自身に驚き、恥じ、「情けなくなったり」「嫌になったり」「がっかりしたり」しながら、日々の食事づくり、家事を続けている人がけっこういるのではないだろうか。

そう考えると、若い頃と異なり、長寿期に食事づくりや家事役割を担い続けることとは、体力が衰えるなかで台所に立ち続ける大変さ、料理がうまくつくれなくなる大変さなどに加え、「自分はいったいどうなってしまったのか」「これから自分はどうなるのか」といった不安や「しっかりしなければ」という思いに苛《さいな》まれ、揺らぐ自分を励ましながら「一所懸命」なされているものなのである。

だとすれば、そうした人たちが限界に達する前に、その頑張りを認め、もっとねぎらい、しんどかったら「しんどい」と声をあげていい、無理だと思えば「もうしたくない。できない」と助けを求める声をあげていい、と伝えるべきではないか。「80歳も過ぎれば、食事づくりや家事がしんどく、担えなくなるのはあたりまえ」――そんな考えが、社会的にもっと広がり、共有されるべきなのではなかろうか。

だが、現実には、女性たちが心身両面の大変さや不安を、夫や子ども、周囲の人たちに訴えたとしても、それが共感的に理解され、必要な支えが得られるとは限らない。なぜなら、一般の人が持つ長寿期女性高齢者の食事づくり・家事能力に対しての社会的イメージや通念と、長寿期高齢女性たちの現実経験との間に、大きな落差があるからである。

（3）長寿期女性の家事を、社会はどう見ているか

「100歳でも食事づくり」に感じる憧れと安心

女性が家事役割を担うのが当然、どんなに高齢であっても女性は料理をする力を持ち、喜んでそれを行うものだ、という考えは、社会に満ち満ちている。

テレビ番組などでは、著名人でもない、一般の元気な長寿期女性高齢者が登場する場合、その人の料理能力が「元気さ」を支える原動力であるとして、毎日の献立などとともに紹介されることが多い。

それはたとえば、「〇〇おばあちゃんのおいしい長生きレシピ」という具合に。

そして、その食材の買い物は他の人に頼んでいる事実や、ときどき、鍋を焦がしたり、味付けがうまくいかないことがあることなどは、語られることはない。

このことに関連して、ケアマネージャーとして地域の高齢者を支援する立場の男性、SHさん、TKさんに、次のように質問したことがある。

春日「地域で暮らす長寿期女性高齢者が、テレビなどで紹介される場合、自分で食事をつくり、その人の毎日の献立まで紹介するようなものが多いのは、なぜだと思われますか。80歳を過ぎ、90代になっても自分で食事づくりをしている人の多くは、やっとの思いでしている方も多いと思うんですが」

すると、即座に２人から、次のような答えが返ってきた。

ＳＨさん「まあ、90歳を過ぎ、１００歳になっても食事づくりをする人なんて、宝くじの当たりみたいな人ですよ。だから、みんな憧れる。特に60代、70代の人は、それを見て、『歳をとっても大丈夫だ』と安心する。

でも、宝くじははずれの人の方が多いでしょ。それと同じですよ。ほとんどの人は、そこにいくまでに、ヨタヨタ、ヨロヨロ。倒れる人の方が多い」

ＴＫさん「そうそう。宝くじも１０００人に１人当たればいいほう。それと同じですよ。みんな誰かの世話になる。でも、元気で１００歳まで、と思いたいんです。80代半ばを過ぎて、自分で食事をつくり続けるというのは大変だと思いますよ」

長寿化が進んだとはいえ、実態は、そこに行くまでに「ヨタヨタ、ヨロヨロ。倒れる人の方が多い」という。しかし、情報の受け手として想定されるのが、60～70代の高齢者だから、願いを達成できた「大当たり」の長寿期高齢者は取り上げられるが、「はずれ」の方の普通の長寿期高齢者の暮らしの大変さなどは、報道されることは少ないという。

「そうだろうな」と私も納得した。

しかし、長寿期になると、多くの人が体力も気力も落ち、誰かの世話にならざるをえなくなる事実を、本当は目にし、知識としては知っているはずである。

にもかかわらず、暮らしのなかでは、「見ていても、見ない」関係がつくられることの方が多い。長寿期高齢者の食事づくりに対して、その労をねぎらうどころか、その負担を見ないようにする方向で、「生きがい」や「喜び」「元気」をもたらすものとして、何歳になっても食事づくり能力を発揮し続けることが期待される。

「自分ごと」としては、食事づくりの負担の重さを訴えても、それが「他人ごと」となると、そうなってしまうようなのだ。

女性は長寿期になっても「食事づくりは生きがい」なのか？

聞き取り調査をしているとき、それを痛感した場面があった。妻とシングル息子との3人で暮らす70歳のデイサービス施設の施設長である男性の話を聞いたときのことである。

本題に入る前の雑談中、男性は自分が病気がちの妻に代わり、毎日の食事づくりをしているが、それがどんなに大変なことか、熱を込めて話していた。

だから、同じ苦労を味わっている人だから、長寿期高齢女性が担う食事づくりの苦労も共感的に理解するだろう。そんな期待を持って質問していった。しかし、そうはならなかった。

施設長「もう、食事づくりが毎日大変なんです。買い物に行くのも遠いから大変。我が家はスーパーまでけっこう遠いんです。それに毎日何をつくるか。メニューを思いつかないし、味付けもうまくいかないし。仕事から帰ってからつくるんですが、本当に大変」

春日「そりゃあ、大変ですねえ。毎日となると、何を食べるか、献立を考えるのがねえ。いつもしていないと思いつきませんし。でも、デイに通ってこられる女性の方でも、ご主人と二人暮らしとか、シングルの息子さんと同居されている場合、少々身体が不自由でも、食事をつくっておられる方がおられるのでしょう。それに比べると、施設長さんは車の運転もできるんだし」

施設長「いやあ、そりゃあ、皆さん、食事づくりをしておられる方はけっこうおられますよ。でも、女性の方の場合、男の僕がするのとは違う。それができることが生きがいなんだと思いますよ。皆さん、喜んでしておられるようです」

あれだけ食事づくりの大変さを語っていた施設長が、自分より年長で体力もないだろう長寿期女性が食事づくりをすることについては「生きがいなんだと思います」「喜んでしておられる」と言う。これは不思議なことだった。

長寿期女性ではなく、長寿期男性が妻のために食事をつくっていた場合、それを聞いた人はどう反応するだろうか。「生きがい」や「喜び」になるとは言わず、「大変ですねえ」とその労をねぎらい、「えらいですねえ」「やさしいですねえ」と賞賛することが多いのではないだろうか。

「超高齢期の食事づくりのしんどさ」が気づかれない背景

こうした場面は他にもあった。夫と二人暮らしの女性ＷＫさん（89歳）、ひとり暮らし女性ＹＭさん（84歳）、夫と二人暮らしの女性ＺＩさん（75歳）の高齢女性３人が話していたときのことである。

それまで、３人の意見は、「歳をとると食事をつくるのが面倒になるねえ」と一致していた。しかし、ＷＫさんが、「夫の食事づくりに対する態度が協力的でない」と愚痴を言い始めたとたん、ＷＫさんの「食事づくり」だけが、「しんどい」から「生きる張り合い」「元気のもと」に転じていったのである。

ＷＫさん「うちの主人はいろいろ注文も多いし、本当に大変です。主人もいざというときのために配食弁当をとるとか、そういうことを受け入れてくれたらいいのに。でも、無理ですねえ」

ＹＭさん「まあ、ご主人がある人は大変ですね。でも、ご主人のある人は、ご主人の料理をつくることで、元気でいられるし、張り合いもできるんじゃないですか。ご主人の要望に応えることで奥さんの元気になる、ちゃんとつくることで元気にもなるし、生きる張り合いにもなるというところがあると思いますよ」

ＺＩさん「まあ、誰かのためにすることが、自分を元気にしてくれる面がありますよね」

ここからわかるのは、女性同士で話す場合でも、「自分ごと」としては、毎日の食事づくりは面倒で、苦労が多いものだと互いに共感し合った人たちが、夫がいる女性がその大変さを訴えたとたん、その労をねぎらうどころか、逆に「生きがい」「喜び」「張り合い」とプラスの意味を与え、その負担や苦労を打ち消す関係がつくられる事実である。その際の根拠となるのは、男性である施設長の場合、「男の僕がするのとは違う、女性の方の場合、それができることが生きがい」と、女が家事を担うのが「あたりまえ」とする性別役割分担意識である。

また、ひとり暮らし女性と夫婦二人暮らし女性を隔てるのは、妻が夫の食事づくりをすることを「あたりまえ」とする夫婦の性別役割分担意識、夫婦の愛情規範である。「愛妻弁当」という言葉に見るように、妻が夫のためにする家事を、夫に対する愛情表現と見なし、「ご主人の料理をつくることで、元気でいられるし、張り合いもできる」とそれを担う側に恩恵をもたらすという見方である。

事実、ひとり暮らしの場合、3度の食事を2度にする、食べるものもパンと牛乳、野菜サラダ、ときにはお菓子だけといったレベルまで手抜きが可能だ。もちろんそれによって、十分な栄養補給ができなくなったり、生きる「元気」も「張り合い」も失うおそれがないわけではない。

だが、そのことと、二人分の食事づくりや家事負担の重さをねぎらうこととは別であるはずだ。にもかかわらず、多くの場合、両者は一緒くたにされ、愚痴を言うことさえ封じられる。

そして、長寿期女性自身も同じ社会通念を持っており、「愚痴を言っても仕方がない」「自分が頑張るしかない」「歳をとるというのはしんどいこと」とあきらめている。同じ苦労を担う者同士、女性同士が、その負担の重さと苦労を語り合い、分かち合うことは難しい。

したがって、その苦労が大きな声として発信されることはなく、超高齢化が進んだいまの時代だからこそ重い負担となっている事実が、社会的に認知され、共有されることも少ない。

そして、その状況が周囲の人の目に触れ、何らかの支援の手が差し伸べられることになるのは、自力での生活がいよいよ困難となり、生活が破綻《はたん》したとき。そういうケースが少なくない。

（４）「親の危機」に気づかない、離れて暮らす子どもたち

なぜ、「どうにもならなくなる」まで気づかないのか

そうした状況のなか、親と離れて暮らす子世代が、在宅で過ごす長寿期の親の暮らしの実態に触れる機会は少ない。そのため、実情に即して親の生活を等身大に理解し、必要な支援をしていくことは、なかなか難しい。

しかも、一般の人が持つ社会通念の根底に、前述のようなジェンダー観、性別役割意識、夫婦関係規範があるとき、子どもの側もそうした通念を分かち持つ。

また、親の生活を子どもが実情に即して理解し、親子で話し合い、冷静に手立てを考えていくことは、「家族であるからこそ」難しい面がある。

なぜなら、家族以外の人が「他人ごと」としてそれを見る場合と異なり、夫婦間、親

子間では、家族特有の規範、長年の習慣化した関係性が働き、事実を事実として見ることを難しくする部分があるからだ。

とりわけ、家事を担い、家族の関係性をつなぐ役割を担うことが多い女親の方が先に弱った場合、問題が外の人に知られることがないままに過ぎ、子どもが知るのは親の生活がどうにもならなくなったとき、ということになりかねない。

たとえば、本章の冒頭で紹介した地域包括支援センターの支援者は、「高齢の親の思いの一番は、子どもに迷惑をかけられない、面倒をかけてはいけないというもので、親の生活実態は子どもに伝わっていないと思います」と語っていた。こうした関係性は、この支援者が住む地域に限らず、広く見られるものである。

親と子が同居し、否応なく共同生活を営むしかなかった時代であれば、日常のなかで、子どもたちが感知し、対応できた親の老い衰えが、離れて暮らす場合には、感知できないばかりか、親の「子どもに迷惑をかけられない」との思いから、親からは伝えられず、周囲から子に知らされることもない。

そして、どうにもならない状況になって初めて、子どもに連絡が行き、親も子も混乱の渦に巻き込まれる。そんな例が少なくないのである。

「家の中に入って、すごくびっくりした」

私が話を聞いた長寿期夫婦にも、そのような親子関係の方が少なからずあった。そのなかのいくつかを紹介しよう。

まず、87歳の男性ＯＺさんと、87歳の妻のケース。ＯＺさんは息子たちに、自分の病気（がん）のことを、入院が必要になる時点まで伝えておらず、また、妻が鍋などを焦がすようになっていたことも告げていなかったという。

ＯＺさん「この正月は、長男夫婦が来たんですが、そのときも、家の中に入らないで玄関先でちょっとだけ話して帰っていきました。

だから、私が入院ということになったとき、家の中に入って、すごくびっくりしたと言っていました。とり散らかっていたので。

とにかく、自分たち夫婦は、子どもたちに迷惑をかけてはならないと、一生懸命頑張って、二人でやっていこうと思ってきましたから。息子は管理職で忙しいし、嫁さんも働いているので。

でも、近所の人が包括に連絡して、息子がやってきて、まあ、こういう形になりましたが」

「子どもたちに迷惑をかけてはならない」とのOZさんの親心が、子どもに実情を知らせ、助けを求める関係をつくることを阻《はば》む一因となっていることがわかる。

しかし、親の自宅を訪れながら、子ども夫婦は、「近所の人が包括に連絡する」ほどの窮地を、なぜ感知できなかったのだろうか。何の異常も感じなかったのだろうか。考えれば不思議なことである。

しかし、OZさん親子と同じような家族は少なくない。

60代女性PKさんが姪の立場で関わることになった、叔母夫婦と息子たちの関係もそうだった。

PKさんが、叔母夫婦に深く関わり始めたのは、叔母が83歳、叔父が91歳のとき。叔母夫婦は、若い頃から続ける社会活動に、80歳を過ぎても参加し続け、料理上手の叔母の自慢は「食事づくりも家事もちゃんとしている」だったという。60代の息子２人は、県外に住んでいる。

ＰＫさんは、叔母が77歳の頃、「もの忘れがあるのでは」と感じたことがあったそうだが、「叔父がしっかりしているので大丈夫だろう」、そう思っていたという。

ＰＫさんが叔母夫婦と深く関わらざるをえなくなったきっかけから見てみよう。

ＰＫさん「まず、叔父が救急車で病院に運ばれたんです。『おじちゃんが救急車で運ばれたみたい。ちょっとあんた行ってあげて』と母から連絡があって、駆けつけたんです。で、病院に行ったら、叔母がパニック状態で。だから『いったん自宅に帰ろう』と連れ帰ったんです。

そうしたら、庭の植木は伸び放題、草はボウボウ。玄関のドアを開けた瞬間、ビニールのゴミ袋が20個ぐらい置いてあって。目の前がゴミの山よ。

私、愕然《がくぜん》としてね。いったい、何がこの家に起きているんだろうと。叔母も叔父もしっかりしているし、しっかりできているものと思っていたから。もう、私、絶句よ。

玄関から中に入ったら、なお、絶句よ。台所はしっちゃかめっちゃか。洗い物が、ワーッと汚れた皿やなんかがあって。冷蔵庫を開けたら、傷《いた》んでカビが生えたものが入っているし。叔母の部屋は服が散乱して、山積み。これはいったいどうなっているのかと。瞬間、理解ができなかった」

この状況で、叔父が倒れる前まで、夫婦は毎週火曜日に二人で買い物に行き、叔母が食事をつくる生活を続けていたのだという。

子どもに「助けてくれ」と言えない理由

だが、叔父が「しっかりしている」人であるならば、なぜ真っ先に、息子たちに助けを求めなかったのだろうか。また、それ以降も息子たちではなく、ＰＫさんを頼り続けているのだろうか。その点を聞いてみた。

春日「そんな状態なのに、なぜ叔父さんと叔母さんは、息子たちに『どうか助けて』と言うのではなく、ＰＫさんの世話になる方を選ばれているのですか。息子たちには『来ないでいい』という感じなんですか？」

ＰＫさん「それで、私も聞いたのよ。『おじちゃん、どうしようと思っているの？　これから』って。

そしたら、『息子たちは中高一貫の学校に行って、早くから自分の手元を放している。だから、この子たちに自分たちは世話になれない。手をかけさせてはならないと思っている』と、そう言うんです。『自分が困ったからといって、悪いけど助けてくれとはよう言わない』『それに二人とも仕事がある』と。

『ええっ。そうなん。そういう気持ちなんだ』と私も思って。まあ、それ以上、私は何も言えない。それが叔父の気持ちならね」

中高一貫の学校から大学に進学し、大都市で安定した暮らしをする2人の息子たち。にもかかわらず、息子たちに頼らず、姪を選ぶ。その理由が「世話になれない。手をかけさせてはならない」「仕事がある」の2つだった。頼られたPKさんも、仕事で多忙な日々であるにもかかわらず。

その理由がよく納得できないまま、PKさんもいろいろ聞いたそうなのだが、その結果、次のような結論に達したのだという。

PKさん「どう言ったらいいかよくわからないけど、まあ頑《かたく》なな、変な思い込みよね。だから、どうにもならない。

思うに、子どもが小さい頃から、親子のコミュニケーションがなされていない。だから、いいところだけの表面的な親子関係で、本音が言える関係にはなっていないんでしょうね。弱みをさらけ出すことができない」

OZさん親子の場合と同様、ここでも親側が、「子どもの世話にはならない」「迷惑をかけてはいけない」と、子どもに実情を伝えず、助けを求めることをためらっている。
だが、長寿期ともなれば、子どもの側が、親は食事を毎日とることができているか、住まいは清潔に保たれているかなどと気配りをし、暮らしの実情を探り、必要なら支援の手を差し伸べるべきで、それが親子というものではないかと、そう考える人が多いのではなかろうか。

子の側に意識がないと、センサーは働かない

ＰＫさんの叔母夫婦と息子たちの場合、倒れるまでの親子関係はどのようなものだったのだろうか。聞いてみると、全く交流がなかったわけではなく、親がまだ若く元気な頃からの関係が、恒例化する形で続いていたようなのだ。

その点に関しての、私とＰＫさんとのやり取りを続けよう。

春日「5年前ぐらいに、叔母さんのことが気になり始めていたと言われましたが、その間、叔母さん夫婦と2人の息子さんの家族との間の交流はなかったんですか」

PKさん「いやいや、叔父はコロナの流行が始まった年に倒れたんだけど、その前の年までは年に2回、長男夫婦も次男夫婦も、1泊2日で親たちと一緒に旅行に行っているの。旅行の帰りに叔母夫婦をその自宅に連れて帰るという形でね。だから、わかっていていいはずなの。長男夫婦も次男夫婦もね。庭が草ボウボウとか、何かしらの変化を。夢にも気がつかなかったの？　ほんとに？　という感じなのよ。

不思議よねえ。2人の奥さんたちも見ているのだから、誰かが気づいていいと思うの。あとで思うと、突然そんなになるはずはないのだから。なんで気がつかなかったのかなあ」

子どもたちが玄関先で帰ったのだとして、「草ボウボウの庭」を目にしたはずなのに、なぜ、それに気がつかないのだろうか。気がついていながら、面倒ごとに巻き込まれるのが嫌で、見て見ぬ振りでやり過ごしたのだろうか。

その点に関しても、いくつかの要因が複雑に絡まり、悪意がなくとも、「見れども見ざる」の現実が生じるのが、現在の高齢の親と成人した子の関係なのではなかろうか。

ＰＫさんの叔母夫婦の場合、叔父が倒れて以来、親の様子を確認するための電話が２日に一度はあり、また、親の自宅改修のための費用も、文句も言わず出してくれるような息子たちだから、親に関わる気がない薄情な子どもたちではないと、ＰＫさんは言う。

にもかかわらず、息子夫婦は「草ボウボウ」の庭に、何の反応もしていない。目標を定め、指向し、焦点を定めなければ、物事は見えてこない。老い衰えた親の暮らしを支えねばならないとの意識が子の側に弱ければ、親の暮らしを観察するセンサーも働かず、見ても見えざるという関係がつくられる。

そうした、子の側の親の暮らしに対する指向性がないのが、かつての時代と異なる「子ども中心」「教育中心」で育てられてきた、長寿期の親と子世代との関係ではないのか。

子ども、とりわけ長男が「家」の「跡取り」として親の老後の面倒をみることを期待されたかつての時代と異なり、「私たちの老後のことなんか心配しないでいい」「自分がやりたいことをしなさい」と送り出されたのが、いまの中高年子世代だからである。

また、女性の意識も変わり、「嫁」として夫の親に対するケア義務を持たねばならないと考える人たちも少なくなっている。

さらに、前にも述べたように、子どもたちに親を思う気持ちがあっても、離れて暮らす場合の交流の機会は「年に2回ほど」。それも盆や正月の「ハレの日」、さらに家族旅行や、イベントの日の会食のつき合い。お互いに元気で頑張っている明るい姿を喜び合う場で、個々人の悩みや困りごとを語ることは、「場違い」のこととして控えられる。

息子には弱みを見せず、娘には世話役割を期待

加えて、親の側が子どもとつくる関係が、娘か息子かの性別で異なり、また、同性の子であっても、相性の良し悪しなどでコミュニケーションレベルが異なり、きょうだい数が多いわけでもないのに、親の気持ちの読み取りや、暮らしの実情の理解レベルが異なり、それぞれの考え、対処の仕方も異なってくる。

そうした親子間の関係性について語ってくれたのが、40代女性RWさんだった。

RWさんの場合、80歳の父親が、先に弱った母親の世話をしながらの二人暮らし。RWさん自身は、夫の仕事の都合で2年前から米国で暮らし、年に2回ほど帰国。兄がいるが、結婚後は親とは別居。気になる両親を残しての渡米だったので、実家から1時間ほどの距離に住む兄に「うるさいくらい」頼んで渡米した。

しかし、その思いは兄に伝わってはいなかった。

RWさん「昨年帰国したとき、口うるさいくらい、『頻繁《ひんぱん》に実家に帰ってちょうだい。両親二人の生活を見守ってほしい。母が弱っているから』と兄に頼んでいたんです。それなのに、兄が1年の間に2回しか帰っていなかったんです。今回も、半年前に一度帰ったきりで。

で、今回、帰国して家が荒れているのにびっくりして、『庭は草がボウボウだったよ、お風呂場にカビが生えていた。帰ってきていないの？　いつ、実家に帰ったの？』と兄に電話したら、『風呂場のどこにカビが生えていたの？』『そんなに大変なの？』なんて。私は草や植木がものすごく茂っていたので、『これはおかしい』

とすぐ感じたのに、兄は何も気がつかなかったみたいで。

父のことも全然、何も感じていないし、知らないんです。それに兄に対するときと私とでは、父の態度が違うんです。兄と話すときには、父は見た目、しっかり話すので、父がすごく弱っているなんて、兄はわからないみたいなんです。

父は私に対しては『自分の弁当をお母さんに食べさせて、自分の分もつくらなきゃいけないのがしんどい』なんて言うのに、兄にはシャキッとした感じの話をするらしいんです。兄も冷たい人ではないんですが……」

ＲＷさんの場合、父親は「食事をつくるのがしんどい」と娘には弱みを見せ、援助を求める一方、息子に対しては「しっかり」した態度で、泣き言も言わない。そのことが状況理解の差を生み、兄妹間での親の生活への関心の差、関わり方の違いを生んでいる。

加えて、親の生活状況を判断するための生活知を、子どもの側が持つかどうかも大きい。ＲＷさんが「草ボウボウ」「お風呂場のカビ」に目をとめ、それを親の暮らしの崩れの兆候として捉える力を持つのに対し、同じ光景を目にしたはずのＲＷさんの兄は、気にも留めていない。

そこからは、ＰＫさんの叔母夫婦の家族と同様、ＲＷさんの家族の場合も、親が息子に対しては「仕事があるから」と世話役割より仕事役割を優先し、窮状を訴えることを控え、一方、娘に対しては世話役割を期待し、自分の本音、弱みを見せる関係がつくられていることがわかる。

また、子どもの側も、無自覚のうちにそうしたジェンダー観を身につけ、娘の方が息子よりも親との関係に巻き込まれ、その結果、親の生活情報蓄積量もさらに増えていく。一方は遠い関係のまま、もう一方はより濃密な関係となって、世話役割を担わざるをえない状況が生み出されている。

（ここでも大急ぎでつけ加えれば、娘だけが長女、二女……と複数の場合、さらに息子だけが長男、次男……と複数の場合、そのうちの誰かひとりが世話役割を期待され、巻き込まれ、残りはそれから外れる傾向が見られる。）

さらに、こうした違いが、意思決定場面でのきょうだい間の状況判断の違いなどを生み、的確な状況把握と迅速な対応を遅らせ、きょうだい・親族間のトラブル、関係の断絶などにつながる場合も少なくない。

「好物をつくって待っていてくれた母」「母親がご飯をつくらないことが嫌」

そしてまた、食事づくりと家事能力が、親の生活継続に大きく関わるものであるため、親の生活状況を判断する際に、娘と比べて、息子が状況を理解することをより難しくする部分がある。性別が異なる息子と娘では、家事労働への考え方や理解の度合い、両親の夫婦関係を見る目、母親・父親のイメージ、親の育て方などに違いが生じているのである。

知人のAIさん（50代女性）は、同僚の男性（60代）から「母親が料理をしないことについて相談を受け、不思議に思ったんです」と、次のような話をしてくれた。同僚の男性の両親は二人暮らし。92歳の父親はデイケアに通い、89歳の母親が家事を担う。

AIさん　「同僚の男性が言うんです。『両親は数年前までは、父親が車を運転して買い物に行き、母親は料理をつくって、日常生活に困ることはなかった』。で、自分は年末年始と夏休みに、家族で３〜４日間帰省するくらい。『帰省したときは、母が好物をつくって待っていて、お布団も、寝間着も用意されていて』と。

でも、数年前から父親が弱り、免許証を返納したあたりから生活が一変したそうで。行って様子を見ると、冷蔵庫の中は、いつ買ったかわからないものが入ったまんま。『まともに食べていないんじゃないかなあ。自分としては、母親がご飯をつくらないことが嫌。何でつくらないんだろう、やればできるんじゃないか？　と思うんだけど、どう思う？』って。その人はそう言うんですが、無理ですよねえ。

不思議ですよねえ、母親がそんな状態でも、料理すべきと思っているんです。なんでですかねえ？」

ＡＩさんは男性に、「お母さんはもう認知症の初期じゃないか。これ以上、家事を続けるのは無理だと思う」とアドバイスしたそうだが、男性の母親の場合、軽度認知障害（ＭＣＩ）レベルを超え、認知症と診断されるレベルかもしれず、もはや、家事を担うのが無理な状態にあると考えられる。

にもかかわらず、「冷蔵庫の中は、いつ買ったかわからないものが入ったまんま」の状況を目撃しながら、「母親がご飯をつくらないことが嫌。何でつくらないんだろう」と母親が食事づくりをすることを息子として期待し続けている。

いったい、それはなぜだろうか。男性の「帰省したときは、好物をつくって待っていてくれた」母親のイメージが強く、現実をリアルに見ることを阻むのだろうか。

それとも、89歳ともなると認知症になったり、そうでなくとも加齢で認知機能が衰えるといった知識がないからだろうか。

それとも、母親が老いても家事を担い、父親の世話をするのが「あたりまえ」で、「病めるときも、健やかなるときも」協力し合って生きるのが夫婦、という意識が強いからだろうか。

だが、このような例を見てくると、子どもの側が一般社会通念として持つ夫婦間の性別役割意識や愛情規範、ジェンダー観に加え、生活を切り盛りし担う力、さらに親と子の双方で異なる、親子の愛情観、それぞれが家族の歴史のなかで培《つちか》ってきた関係性の質、父親―息子、父親―娘、母親―息子、母親―娘、姉―妹、兄―妹、加えて息子の妻、娘の夫、孫など、相手との続き柄ごとに期待される関係規範が異なるため、それぞれが異なる解釈を下すことがわかる。

二人暮らしをする親の「食事づくり」能力すら、状況に即して正確に把握することが難しいのが、離れて住む多くの長寿期親と子どもたちとの関係かもしれない。

「調理定年」の勧めと、それを阻むもの

ところで、評論家の樋口恵子さんは、80歳を超えた自分の体験をもとに、「女の人生には『調理定年』があるのではないか、と思い始めました。食事づくりがなんとも億劫に、面倒になってくるのです。推定するところ、この定年は80歳前後が多いようです」と、高齢女性たちに「調理定年」の勧めを説いている（樋口恵子『老～い、どん！』婦人之友社、2019年）。

しかし、これまで見てきたように、離れて暮らす長寿期高齢親と子どもたちの間につくられがちな関係を見ると、「しんどくなったから、もう食事はつくらない」「家事はし

ない」と「宣言」し、自ら役を降りることができる長寿期高齢者が、どれくらいいるだろうか。

子や孫家族と同居し、下の世代に食事づくりや家事を担ってもらう。施設に入所する。配食弁当や外食に頼る。……いろいろ手段はあっても、それぞれの夫婦関係、家族の事情、経済力、居住する地域などの条件が複雑に絡む。それらが可能なのは、限られたほんの一部の人だけだろう。

何より、食事をつくり家事をすることが女性の役割とされる社会では、その能力を失うことは、自分の拠《よ》り所、誇りを失うことだと、その役割にしがみつく人も多い。

だが、そうした流れで、既存の社会通念通りの生き方を倒れるまで続けていった場合、どんな事態に陥るのだろうか。夫婦二人で在宅で暮らし続ける場合で見ていこう。

第3章　長寿期夫婦二人暮らしの行きつく先

（1）夫婦関係は、そうそう変わるものではない

人は生きてきたように、長寿期を迎える

90歳間近と思える老夫婦が連れ立って買い物をしている。そんな光景を目にし、「仲のよい老夫婦」、そう思う人は多いのではなかろうか。長い人生をともにした夫婦が、互いに気遣い、いたわり合い、支え合いながら暮らしている、と。

また、離れて暮らす老いた両親の「心配しないで大丈夫。二人で何とかやっているから」という言葉を聞き、「まあ、大丈夫なのだろう」。そう信じたい息子・娘は多いのではなかろうか。

しかし、本当にそうなのだろうか。

ホスピスケアに長くたずさわってきた医師、柏木哲夫さんの言葉に「人は生きてきた

ように死んでいく」というのがある。人がどのように死を受け入れ、死んでいくかは、その人がどのような人生をこれまで歩んできたかに通じ、生き様は死に様に反映する。そういう意味だという。

在宅で暮らす超高齢夫婦の暮らしの実情を、本人やその家族、支援者などから話を聞かせてもらうなかで私が知った事実も、これに似たものだった。

長年の暮らしのなかで深く編み込まれた日常の習慣や夫婦の役割関係は、いよいよ歳をとり、互いに力を合わせて生き抜くしかないときが来ていても、そうそう変わるものではない。二人が生きてきたように終わっていく。

それが、大きな病気や事故に遭わず、遭っても再起することができ、長寿期（超高齢期）まで夫婦で暮らし続けた老夫婦の最終章。そんな事実である。

定年後、家事分担を変えた夫婦の例

人生が多様であるように、長寿期の夫婦関係も多様である。確かに、老いが進んでも、夫婦が互いに協力し、いたわり合い、気遣い合いながら暮らす人もいる。

たとえば、前著『百まで生きる覚悟』でも紹介した、夫91歳、妻86歳のＢＷさん夫婦がそうだった。

ＢＷさん夫婦の場合、夫が掃除、洗濯などの家事を「自分の仕事として引き受け」、食事づくりに関しては、夫が朝ご飯をつくり、「少し手をかけた」夕食を妻がつくる。そして、昼食は「この人にも用事がありますから、それぞれ好きなものを食べます。私は麺類が食べたかったら麺類を食べるし、主人はパンを食べたり。もちろん一緒のこともありますが」という形。

ＢＷさん「ま、食べることは誰でも自分でできるようにならんといけません。食べなきゃ生きていけんですから。弁当を買って食べたりしていると、身体が動かないようになります」

そんな考えの夫・ＢＷさんの提案で、仕事を退職した65歳のとき、それまで専業主婦として妻が担っていた食事づくりをはじめとする家事分担を変え、現在のような形にした。買い物にも一緒に出かけ、「この年になると、なんでも二人で話し合い、力を合わせて生きていくしかないですから」と夫婦は口をそろえる。

また、私の知人の81歳女性、ＣＬさんも、夫の定年を境に夫のための食事づくりをやめたと言う。

ＣＬさん「主人は人づき合いが好きではないので、家にじっとしています。だから、猫と犬の世話、それに主人が食べるものは、主人が自分でスーパーとか店に買いに行くようにしているんです。主人の定年までは私が主人のご飯もつくっていたんだけど、自分が気に入らないものは食べようとしない。

それで、食事をつくるのが面倒になって。好きなものを店で買ってきて、主人は主人で食べてもらうようにした。その方が外に出る機会になるし、どこにどんな店があってどんなものが買えるのかも知って、自分が食べたいものを見つける刺激があるでしょ。その方がボケないから」

話を聞いたとき、「へえ、この年代でもこんな女性がいるのか」と思った。それと同時に、高校卒業後、定年まで同じ職場で働き、自分の年金という経済基盤があってこそのCLさんの選択だとも思った。

しかし、超高齢夫婦の暮らしについて、話を聞くうちにだんだんわかってきたのは、二人で家事を分担し、互いに気遣い、配慮し合うBWさんのような夫婦、CLさんのように夫の定年を機に、夫のための食事づくりをやめる選択をする女性など、ほんの一部の人にすぎないということだ。長寿期になっても、多くは若い頃からの延長線での暮らしを続けている。

家事役割から降りられない妻たち

そんな暮らしの女性DIさん（86歳）は言う。夫は90歳だ。

DIさん「この年齢になると料理をするのがしんどくて。だから、肉を炒めたり、魚を焼いたり、簡単で毎日同じようなものしかつくらない。

主人は何もしない。でも、ずーっと仕事をしてきた人だから。一日中、パソコンばかりしている。それで頭がしっかりしているのだろうと思う。私の方がしょっちゅう物忘れをする」

また、娘の立場の女性ＥＫさん（50代）も、実家の両親（父親87歳、母親85歳）の関係について、それが「30年前の50代の頃の夫婦関係のまんま」と、次のように言う。

ＥＫさん「この間、実家に帰ると、母が台所で食事をつくっているんです。肩が痛いと言いながら、一生懸命、寒い所でつくっている。
で、父が食卓に座って『母さん、水』って言って、母が『ちょっと待ってねえ』って。父はワンマンな人ではないんですが、『母さん、水』と言って、それが夫婦の仲ではあたりまえのことだから、何の疑問もない。ほんと、ずーっと、両親が50代の頃の夫婦関係のまんまなんです」

性別役割分担で生きてきた夫婦の場合、夫の方は定年で「仕事」役割を降り、免許証を返上して「車の運転」を止め、体力の衰えで「庭仕事」「力仕事」もしなくなる。

一方、妻の方は、どんなに歳をとろうと、在宅暮らしを続ける限りは、食事づくりや家事役割から降りられない。

しかも、夫婦ともに老いが進み、身体能力が衰えていくなか、妻の負担はますます重くなるが、いたわられることもないものになっていく。それは若い頃の関係とは異なり、極端な場合、夫は何もせず、妻に指示・命令する、つまり「口だけ」。一方、妻の方は体力が落ち、仕事の効率も落ちるなか、一日中家事に追われる。そんな暮らしになっていく。

しかしながら、子どもたちも周囲も、70代までと同じように、超高齢の女性がケア役割を担い続けることを、「そうすることが本人の自尊心を維持し、体力を維持する」と期待し続ける。そして、厄介なことに、そうした考えを、専業主婦の時代を生きた高齢女性自身も深く身につけ、体力の限界、ギリギリの時点まで頑張ってしまう。

そんななか、支援者たちは、苦境に陥った長寿期夫婦の生活をどう判断し、どの時点でどう介入していけばいいかという難題を抱え込み、戸惑う。
超高齢夫婦の在宅暮らしをサポートする支援者は言う。ＦＮさんは30代、ＧＨさんは40代、ＨＷさんは50代。いずれも女性である。

ＦＮさん「息子さん、娘さんには、どんなに親が高齢であっても、『できなくなったら大変になるから、なるべくできることは頑張ってやってもらう』という考えの方が多いと思います。
　確かに、できないと苦労するのは本人さんなんですが、どう見ても辛《つら》そうだなということが多く、私自身、どういうふうに言葉をかけたらいいのかわからないときがあります」

ＧＨさん「超高齢夫婦の在宅のケースはたくさん見てきました。奥様に『○○持ってこい』『○○しろ』と命令する夫が大半です。そこにヘルパーとして『私がしますよ』と介入できるときもありますが、奥様が『いいのよ。私がするから』とおっしゃられると、私たちは何もできません。

ケース会議では、奥様は『旦那さんのことをしてあげたい』という思いが強いので、自分たちは見守りましょう、ということになります。奥様は旦那さんへの〝愛情がある〟〝夫婦は仲がよい〟と思っていました。奥様の生きる支え（旦那様の世話）を取ってはダメだと考えていました。

でも、奥様も、昔からの役割を続けているだけで、実際には身体は悲鳴を上げているはずなのですが」

HWさん「私はいままで、高齢者は若い頃から持っていた役割を、加齢や障害、病気などで喪失しているため、もともと持っていた役割をもう一度持ってもらうことが大切だと思ってきました。

でもよく考えると、その役割は高齢者にとって、誇りとなる役割であったのか、押しつけられた役割であったのか。ご本人の話を聞くなんてことはしていませんでした」

「二人で暮らしているから」と危機は見過ごされがち

毎日の食事づくりや家事は、何もしないで一日を過ごすより、暮らしにメリハリを与える日課となり、誰かのために役に立つことは、誰の役にも立てない人生より生きる意味をもたらし、自尊心を支えてくれる。

しかし、そう言えるのは、それを担う人にそれを担うだけの体力・気力があり、それが重荷や苦役ではない限りのことである。

とはいえ、子どもたちと離れて暮らし、親戚や親しい友人も先に逝き、足腰も弱り、社会活動からも遠ざかるなか、誰がどの時点で、どのようにして、老いた妻の「身体の悲鳴」を聞き取ってくれるのだろうか。それを、ともに暮らす夫は聞き取ることができるのだろうか。夫が聞き取れない場合、他の誰が？

それが「ひとり暮らし高齢者」だった場合、その「悲鳴」を聞く役割は、「身近に見守り手を持たない人」として、地域の人に期待される。

それに比べ、長寿期夫婦二人暮らしの場合は、「二人で暮らしているから」と二の次にされがちになる。

そんななか、「身体の悲鳴」を、誰が、どのように、どの時点で感知するのか？

それは在宅ひとり暮らしの場合にも大きな問題であるが、二人の人間の「生き死に」が関わる夫婦二人暮らしの場合も、それと同じくらい大きい問題だ。

しかし、支援者さえ「私自身、どういうふうに言葉をかけたらいいのか」「その役割が誇りとなる役割であるのか、押しつけられた役割であるのか」と、その判断に戸惑う。

こうした在宅超高齢夫婦が増え、本人たち自身も思いもよらないほど長生きするなかで、いったい、夫婦の在宅暮らしは、どんな状態まで続き、どういう形で終わりを迎えていくのだろうか。

高齢の夫が先に弱り、妻がその世話をする。その光景は、私たちにとって見慣れたものである。しかし、妻の方が夫より先に弱る、もしくは夫婦ともに弱っているが、妻の方がより重い。そうした長寿期夫婦が在宅生活を続ける場合、最後はどのような形になっていくのか。70代前半までのまだ若い高齢夫婦とは異なる、こうした在宅超高齢夫婦の実情は、多くの人にとって、まだ見慣れないものに違いない。

私が話を聞かせてもらったなかでも、妻が限界点までケア役割を担い続けていた在宅超高齢夫婦の暮らしの実情を通して、それが70代前半までの高齢夫婦の関係とは異なる性格のものに変容していく事実について、次に述べていこう。「在宅生活の限界」と思える時点での関係を見ることで、その特徴が鮮明に映し出されると思うからである。

（２）長寿期の親の自立観と、支える子どもの葛藤

映画『ぼけますから、よろしくお願いします。』から見えること

６年ほど前になるが、話題になったドキュメンタリー映画がある。90代の夫と認知症を患う80代後半の妻の暮らしを、映像ディレクターである娘の信友直子さんが撮影した『ぼけますから、よろしくお願いします。』という映画で、その後、書籍にもなった。

多くの人が驚きとともに感動したのは、信友さんの両親の夫婦関係。90代の父親が夫として「妻の気持ちに常に寄り添い」、妻が認知症と診断された後に、大きく変わっていったことである。「家事は完全に妻任せ」だった父親が、90代半ば過ぎから「(妻が)できなくなった家事を自然に引き継いで自分でやり、洗濯をしたり料理をしたり、遂には裁縫まで……」(信友直子『ぼけますから、よろしくお願いします。』新潮社、2019年)。

それはこれまでの認知症をテーマにした映画と異なり、認知症と診断された母親が、「認知症の人」としてではなく、父親もまた、「認知症の妻を世話する夫介護者」としてではなく、長寿期の夫と妻、親と子の日常を映し出していた。それは、第1章の第2節で見た、社会学者の故・加藤秀俊さんの視点に重なるものといえるだろう。

ところで、この映画には、両親の生活を案じる娘に対し、「あんたはあんたの仕事をしんさい」「大丈夫。親のことは心配せんでええ」と父親が娘をいたわり励ます言葉が何回か出てくる。そして、この言葉こそが、これまでも見てきたように、老親の多くが離れて暮らす子どもに対して口にする言葉でもある。

だが、平穏な暮らしが続く間はともかく、いったん危機状況に陥れば、本人の思いや気概に反し、自力では対応できず、生活破綻リスクが一挙に高まるのが長寿期（超高齢期）である。

信友さんの場合も、母親が脳梗塞で倒れたのが、ちょうど台風が接近する暴風雨の夜10時。電話で娘に助けを求めてきたときの父親とのやり取りは、電話越しに「救急車なんか呼ばんでもええ。寝ときゃあ治るけん」と大声で叫ぶ母親の声を聞きながらの、次のようなものだったという。


「お母さんがおかしいんじゃ」

「救急車を呼ばんと」

「救急車呼ぶのは、どうすりゃあええんな?」

「119番にかけて。住所言うたらすぐ来てくれるけん」

「あんたがかけてくれえや」

「私が119番したら、横浜の救急車が来るわ。お父さんが呉《くれ》からかけんと」

結局、このあと、信友さんが電話でケアマネージャーに支援を求め、母親の救急搬送が可能になったのだという。しかし、これ以前に、娘の信友さんが介護保険利用を拒絶する父親の意向に逆らい、介護保険制度につながり、支援を受ける手続きをしていなければ、深刻な事態に陥っていたに違いない。

いったいなぜ、信友さんの父親は、「大丈夫、親のことは心配せんでもええ」と言いながら、救急車さえ自分で呼ぶことができなかったのだろうか。

父親は耳の聞こえは悪いものの、心身ともに健康で、介護認定では「非該当」。かつ、90代半ば過ぎでも驚くほどの柔軟性に富み、妻に代わり日常の家事全般をこなす人だった。にもかかわらず、突然の妻の脳梗塞という不測の事態には、おぼつかない対処能力しか持っていなかった。

その理由のひとつに、現代日本の多くの高齢者が持つ、自分の「老い」を否認する死生観、つまり「子どもの世話にならない」「人の世話にはならない」と支援を拒否しながら、かといって、いざというときどんな支援が必要かを自分自身で考え備えているわけでもないという生き方が関わっていないだろうか。

介護保険の認定申請をすると決めた後、「明らかに落ち込んでいた」父親が次のように言ったという。

「わしも年とったのう」

「誰の世話にもならん、一人で生きて一人で死んでいく、思いよったが、年とったら迷惑をかけるようになるんじゃのう。これはもう、しょうがないわい」

このとき、父親の年齢は95歳。この年齢になってやっと、「わしも年とったのう」と「老い」を受容し、「年とったら迷惑をかけるようになるんじゃのう。これはもう、しょうがないわい」と、人の世話・支援を受け入れる心境に達している。

「老い」を否認する死生観――倒れること、死ぬことのイメージができていない

だが、こうした死生観、自立観は、信友さんの父親が例外というわけでもなく、多くの高齢者に分かち持たれている。そう思う場面がしばしばある。

第2章で述べた87歳の叔母とその夫（95歳）の両方の世話をするＰＫさんの話を聞いたときもそうだった。ＰＫさんは次のように語っていた。

ＰＫさん「不思議といえば不思議だけど、叔母夫婦は、自分たちにどうにもならないときが来るなんて、誰かに頼らなければ生きていけないなんて、おくびにも思っていなかった。だから、何の準備もしていない。何とかなるとも思っていない。このまで衰退していくと思っていたんでしょうかね。

事態がこうなってハタと考えたら、『どうする？』みたいなね。どうしていいかがわからないみたいなんです」

また、超高齢者を支援する立場の人からも、そんな話をしばしば聞く。地域包括支援センターのスタッフ、ＩＴさん（40代女性）も言う。

ーTさん「高齢者には、昔のまんま病院に長期間おれると思っていたり、すぐに死ねると思っておられたり、そんな人が多いんです。

でも、治療が済めばリハビリ病院から退院、その後、ヨレヨレで暮らさなきゃいけない段階があるじゃないですか。そこで初めて、慌てて介護保険について知ったりとか、かかりつけ医がついたりとか。

そこから、学んでいくから遅いんです。高齢になって新しいことを受け入れなきゃいけないのに、それについての考えや知識がない。不思議ですよねえ」

さらに、「ときおりこんな相談もけっこうあるんです」と前置きして、次のように話す高齢者介護施設の施設長（50代女性）もいた。

「高齢者でも、自分が倒れるとか、死ぬとかといったライフイメージが薄いんです。倒れたときにはどうなるとか、どういう援助が要るとか、全然イメージができていない。

この間も、70歳の男性なんですが、『母親が脳梗塞になったから、この施設に入れてくれ』と来られたんです。それで、『いますぐ入れてくれといわれても難しい』と言ったら、すごく怒り出して。『入れてくれんと、わしはどうなるんだ』と。『でも、お母さんはもう98歳ですから、こうなることはわかっていたはずですから』と言ったら、『いやあ、そんなこと思ってもみなかった』って。

たぶん、生活がいっぱいいっぱいなのかなとも思うんですが、超高齢のお母さん自身はもとより、70歳の息子さんも、親が死ぬとは考えていないし、自分の親がいざターミナル（終末期）になったときに、何をどうしていいか、全然考えられないんだなあと。でも、人間、どうやったって迷惑をかけるんですよ」

高齢者、しかも90歳を超えた人であれば、心身ともに衰えて、何事かが起これば、自分自身で対処する力は乏しく、人に頼るしかないということを自覚しているはず――そう考える支援者や子・孫の世代は、そんなことなど考えない高齢者の生き方が理解できず、「不思議なんですよ！」と驚く。

だが、命に関わるような病気をしないまま、そこそこ元気で長寿期（超高齢期）まで生きてきた高齢者には、このような自立観・死生観を持ち、「まだ自分は大丈夫だ」ということを生きる気概、支えとして暮らす人がけっこういる。

親の自立への思いを、どこまで尊重するか

しかし、自分の親がそうだった場合、離れて暮らす子どもたちは、親とどうつき合っていけばいいのだろう。

どうなろうと、親の人生は親の自己責任、親自身が引き受ける問題と考え、介入しないままでいるのか。それとも親の意向がどうあろうと、子どもには子どもとしての責任があり、親が窮地に陥ることがないよう見守り続けるべきと考えるのか。

この問題は、親と子が別々に暮らし、老親と子どもとの関係のあり方が多様化するいまの時代だからこその難問だといえるだろう。

そしてそれは、親子関係が疎遠で、子どもの側が「親がどう生きるかは、親の自己責任」と突き放す場合、また、親よりも子どもの都合や考えを優先するのがあたりまえと

する場合よりも、子どもの側が親の考えや判断を尊重し、親の意向を可能な限り尊重していこうとする姿勢を持つ場合の方が難しい。

その例を、先の『ぼけますから、よろしくお願いします。』の信友さん親子の関係で見ることができる。

信友さんの場合、母親が認知症と診断された時点ですぐに要介護・要支援認定を申請し、介護サービスにつながったわけではなく、利用に至るまでに2年ほどかかっている。そこには介護保険利用を拒否する親の意向を無視して手続きを進めることについての、娘としてのためらいがあったことが、次のように語られる。

「私は父の尊厳を踏みにじっているんじゃないだろうか。家長としての威厳と責任感を持って、病気の妻を自分の手で守ろうと頑張ってきた父から、その大切な尊厳を取り上げようとしているんじゃないだろうか。

父が介護サービスを受け入れるということは、自分の限界を認めるということです。自分だけでは手に負えないから助けてくださいと、白旗をあげることです。私がその方が安心だからと言って市の介入をお願いするのは、父の誇りを傷つけることになるのではないか?」

90代も半ばを超える親が、自分の限界を認めず、「手に負えないから助けてください」と人に支援を求めないことを「誇り」として生きる。そして、子どもは親の思いを理解し、尊重したいと思うからこそ、親の「安全」「安心」な暮らしのために必要と考える制度的支援や手立てにつながることさえ、迷い、ためらう。考えれば不思議なことである。

しかし、自分の意向を持ち、自分の思う通りに生きるのがあたりまえと考える高齢者が増えたいまの時代、こうした親子間の問題は、要介護・要支援認定申請に限らず、満ち満ちている。

たとえば、最期まで在宅暮らしを続けたいという親の意向にどこまで同意するか。車の運転免許証の返上を可能な限りしないと親が主張するとき、子どもはそれをどこまで容認するか。認知症を疑う場合、受診を拒む親の思いを、どの段階まで許容するか。などなど、こうした葛藤の場面は数限りなくあるだろう。なぜなら、老親がどう願ったとしても、「人間、どうやったって迷惑をかける」ときが来るからである。

そのようなとき、インターネットをはじめ豊富な知識や情報源を持つ子どもたちがする、よかれと思う判断や選択と、老親の考えとのズレは大きく、それをどう折り合わせていくのか。親が超高齢ともなると、いったん事が起これば、社会から子としての責任を問われることも多く、子どもとして、すべて親の考えしだいというわけにはいかないことも多い。

また、こうした問題に、子ども側が持つ「親は強い人、尊敬できる人」という親のかつてのイメージが、マイナスに作用することもある。親がすでに弱り、助けを必要とする段階であるにもかかわらず、子どもの側に焼きついた親のイメージが、状況に即しての関係の組み替えを難しくしかねない部分があるからだ。

限界点に達した親に気づき、受け入れる

そうした経験を、JXさん（50代半ば女性）は話す。JXさんは高齢者支援機関に勤

めるケアマネージャーである。

JXさん「こんな仕事をしているにもかかわらず、私は高齢になった母が病気で気持ち的にも弱り、手がしびれて瓶のふたを開けられないと言ったとき、『自分でやりなさい』と言って、母に泣かれたことがあるんです。

その後、ケアマネの先輩から、『いままで親が強かっただろうけど、それが逆転してそうでなくなるときが必ず来る。あなたの場合、それがいまじゃないの』って、言われたんです。そのとき『ああ、そうか』と、それがすっと腑《ふ》に落ちたんです。

それまで、強い母親と思い、尊敬さえしてきた親だったから、『歳をとっても、病気があっても、でも、できるはず。病気があっても強いはず』とか、そういうイメージしかなかったんです。でも『そうじゃなくなっているんだな』と、そのとき初めて思いました。こういう仕事をしているのにねえ」

JXさんの場合、信友さん親子の場合とは逆に、親の方は老いて弱った自分を認め、手助けを求めているにもかかわらず、子どもの方がそれを受け入れることができず、手を差し伸べないどころか、逆に叱咤激励することもある事実を示している。

しかし、共通するのは、何らかの危機が生じるその時点までは、親が経済的にもある程度力を持ち、必ずしも弱い親ではないことである。そのことが、子どもの側に親の老いと衰えの現実を認めがたく作用し、適切な支援を控えさせ、状況を悪化させてしまう要因ともなっていく。

よく、老いた親を支え守り続けることは、親亡きあと、子どもが後悔しない人生を過ごすためにも重要なことで、親が子に対して最後に行う教育、「贈り物」だと語る人がいる。

しかし、かつての時代と異なり、現在の長寿期親と離れて暮らす子どもの場合、親子関係が疎遠か親密かを問わず、何事かが生じ親が窮地に陥る前に、危機の徴候をどのように感知し、親の尊厳を保ちながら、どのようなつながりと手立てによって、最後まで親に付き添っていけるかが大きな問題で、たんに美しい話ではすまない。

長寿化が進んだ現在、親が長命で、しかも在宅生活を続けることを希望し続けた場合、その関わりも長期に及び、しかもその間、徐々に、親の生活力のみならず危機対応力も低下し続ける。そうしたなか、親が「子どもに面倒をかけたくない」「心配はいらない」と言い続けたとしても、親の安全な暮らしを守るためには、子どもや支援者が否応なく関わり、在宅生活を止めさせ、施設入所を選ばざるをえない限界点ともいうべきときが訪れる。

それでは、その限界点ともいえる時点での親の生活とはどのようなもので、子どもが果たさざるをえない重要な役割とはどんなことなのだろうか。

両親がそうした生活を続けていた場合、それを支える側の子どもは、介護保険をはじめさまざまな支援者の手を借りながら、親をどう支えていったらよいのだろうか。さらに、自分たちの生活が限界点に達したことさえ判断できなくなった親たちに、どう対処していったらよいのだろうか。

その判断は、ひとり暮らしの親の場合も難しいが、両親ともに長生きし、二人ともが力を失った場面では特に難しい、いまの時代ならではの超難問だと考える。

そこで、次の節ではそうした点について述べていくことにしよう。

私が在宅長寿期夫婦の限界点とはここまでいくのかと驚き、それを支え続けるキーパーソンの役割を担うことがなんと重たいものかと深く考えることとなった、超高齢在宅夫婦二人暮らしの親を支え続けた子世代女性たちの話を見ていこう。

（3）超高齢親夫婦の暮らしに初めて深く関わった子世代女性の驚き

90代女性の語り――炊事場に寄りかかり、やっとのことで料理する

KYさん「95歳ぐらいまで、母は父の食事をつくっていました、3食。もう、一日中、家事三昧《さんまい》です。父は宵《よい》っ張りで、朝も10時くらいまで寝ていたり。それに合わせて食事を準備してね。母は一日中、父親の世話に追われていました」

ＭＡさん「母は92歳まで、全部家事をしていました。圧迫骨折を３回、片一方の足も骨折して、だんだん支え切れなくなって。でも、ギリギリまで頑張ってくれました」

ＮＯさん「母はすごく腰が悪くて、曲がっていたんです。もう折れるくらい曲がっていて、台所に立ち続けるのがしんどくなって。ハアッって腰を伸ばしてまた取りかかるような生活だった。父が風呂に入るときにも、着替えから用意してという暮らしで。そんな暮らしをもう限界という93歳まで続けました」

両親と離れて暮らす娘の立場の３人の女性たちが語る、母親の限界点での状況である。

ＭＡさんの場合、その場に同席した母親が「私は台所仕事もこうやって（炊事場に寄りかかり、料理をする身振り）肘《ひじ》をついてしていました。食事だけは最後まで自分でつくりました。そうやって頑張ってきました」と、言葉を継いだ。

話された内容は、どの話も初めて聞く事実で、90歳を超えた女性たちがそんな状態で家事を担っている事実、しかもそんな人がひとりならず、何人もいる事実に、当初は驚いた。しかし、話を聞き進めるうちに、超高齢化が進み、在宅化が推し進められる時代には、こうした夫婦が増えていく。そう考えるようになった。

さらに、こうした状況は、「高齢夫婦は互いにいたわり合い、協力し合っている」という社会通念とも異なっている。

それどころか、超高齢になると、社会的認知機能の低下が進み、相手の気持ちを汲み、思いやる力がさらに乏しくなるため、自分の身を守るだけで精一杯。その結果、夫婦間のコミュニケーションも成り立たないようになり、それがさらに妻の負担を重くしていく。そんな夫婦の方が多くなる。

そうした事実に気づいたのは、限界点で両親の生活に深く関わり始めた子世代女性たち（娘や息子の妻）が発する、親の夫婦関係に対して持つ「疑問」や「驚き」の声を聞くなかでだった。

弱った母親に、用事を言いつける父親

たとえば、母親と同席して話をしてくれた前述のＭＡさんは、インタビューの途中で、

次のような質問を私に投げかけてきた。

ＭＡさん「私からお聞きしたいのですが、健康なご夫婦の場合、90歳を超えても〝仲良し〟が多いのでしょうか？
　うちの場合、父と母の間に会話が成り立っていないというか。お互い、我が身ひとつ保つのが精一杯という感じで。『そんな話は聞いた』『以前も言った』というやり取りすら二人にないんです。どういうことなんでしょうか」

　同席する母親が「若い頃から、おじいさんはそうだった。私が姑さんにいじめられているのを見ても、知らんふりだった」と続けたのだが、ＭＡさんだけでなく他でも、親夫婦の関係が「なんでそうなるか、わからない」「びっくりした」と言う子世代女性が何人もいた。
　息子の妻の立場であるＳＡさんは、「私も義父・義母とこんなに近い距離感で接するのは初めてなんです」と言いながら、その時点で目にした義父の態度が「とても不思議だった」と、その理由を次のように説明した。夫の母親が85歳、夫の父親が92歳だ。

SAさん「義父はもう洗濯機も回せない人で。で、義母がテーブルを拭《ふ》かなかったんです。すると『あれはテーブルも拭かんようになった』と文句を言うんです。なら、自分が拭けばいいじゃないのと思って、『お義父《とう》さんが拭かれたらどうですか』って言ったんです。

テーブルを拭くぐらい、簡単なことだから自分で拭けば済むのに。でも、自分でしないというのは何なのでしょう。役割が自分は『それをしない人』なんですかね？　役割が染みついて、『テーブルは拭かない人』に成り切ってしまっているんでしょうか。何なのかわからないけど、何かあるんでしょうね」

また、娘の立場であるTUさんも、両親の様子を「母の調子が悪くなり、お医者さんから『当分泊まり込んでみた方がいい』と言われて、泊まり込んで初めて愕然としました。たまにのぞいただけでは全然わからなかったんですよ。母が弱っているのを」と言いながら、次のように話す。TUさんは69歳。母親は86歳、父親は90歳である。

TUさん「母はあまり食べられなくって、弱って痩せてしまっているんです。でも、父は相変わらず用事を母に言いつけるんです。自分は居間に座ったままで『薬取ってくれ』とか『お茶入れてくれ』とか。相手が弱っているから自分がしなければならないという（気持ちは）かけらもない。ほんと見事なもんです。母がダメになったら今度は私にさせようとする」

子世代は限界になるまで親の苦境に気づけない

こうした話を聞くなかで、だんだんわかってきたのは、超高齢の妻たちが、たび重なる骨折や腰痛、病気などで、自分の身体さえままならない時点でも、次のような関係である場合が少なくないということだった。

○妻だけが食事づくり・家事などのケア役割を担い続けている。

○夫が妻に協力し、暮らしを支えるどころか、自分でできることも妻にあれこれ指示・命令し、それによって妻の負担がさらに重くなっている。
○そうした妻の苦境に、夫が思いをいたすこともなく、無頓着《むとんちゃく》である。
○夫婦間のコミュニケーションが乏しい。

次に、わかってきたのは、離れて暮らす子どもたちと両親との関係である。

話を聞いたのは、ときどき親元に日帰りで行ったり、会食や旅行をともにするなど、親子間の交流が保たれている人たちだった。

にもかかわらず、子世代が親夫婦の生活に深く触れ、暮らしの実情を知ったのは、両親の生活がいよいよ立ちゆかなくなり、親の家に「泊まり込んだり」「近い距離感で接したり」することが迫られた時点であることが多い。

さらにもうひとつわかったのは、その時点で子世代が初めて深く接することで見た親夫婦の関係が、戦後生まれの60代、70代前半までの子世代女性にとっては見知らぬもので、彼女らが持つ夫婦観や家族観とは異なるという事実だった。

「どういうことなんでしょう?」「あれは何でしょう?」「見事なもんです」という疑問や驚きの声は、そのことを示すといってよいだろう。

ところで、これまで見てきたような、超高齢で、妻が夫に比べてより弱り、家事が困難になっている夫婦の場合、在宅生活をやめて、二人で高齢者施設に入居すればいいのではないかと考える人もいるだろう。また、在宅を続けるのなら、介護保険や民間サービスにつながり、利用すれば、妻の重い負担が軽くなるではないか、そこはどうなっているのか、そう考える人もいるだろう。

しかし、話を聞いていくと、そうした選択は、そうスムーズになされるものではない事実がわかってきた。そこには費用負担の問題と、超高齢夫婦ならではの夫婦関係の力学という問題が大きく関わっていた。

（4）サービス利用がなぜ控えられがちなのか

経済的理由だけではない――世話になることへの抵抗感

妻の食事づくり・家事などのケア能力が衰えてきたとき、経済的に恵まれた裕福な夫婦なら、快適な環境を整えた有料老人ホームに夫婦で入居することを考えるかもしれない。

しかし、平均的な経済水準の夫婦二人暮らしの場合、妻が弱ったからといって、施設入所を考える人は少ない。夫婦で入所するとなると費用負担が二人分。ひとり暮らしの倍額となる。この経済的理由を、在宅を続ける理由として挙げる夫婦は多かった。

たとえば、夫婦とも90代半ばのＷＷさんの妻は言う。

ＷＷさん妻「施設はお金がいるでしょ。それだけの財力はないですもん。だから、施設には入れないと思って、それを覚悟して生活しなければと思ってきました」

また、先に登場した、家事を分担するＢＷさん夫婦も言う。

ＢＷさん妻「二人一緒にはホームには入れません。主人ひとりなら有料でも入れるでしょうけれど」

ＢＷさん夫「どこか施設に入るいうても、金の問題ですからね。私の兄は子どもがいないので有料に入りましたが、相当金を使いました。夫婦二人分となると、もうね、無理。日常のお金も必要ですし」

では、経済的に施設入所が無理であれば、民間の宅配弁当サービスや、介護保険サービスのヘルパーによる訪問介護サービスやデイサービスなど、在宅サービスを利用すればいいではないか。そう考える人も多いかもしれない。

しかし、本章の第2節で触れた信友直子さんの父親のように、高い知性と判断力を持つ人であってさえ、「人の世話にならないこと」が自分の誇り・信条だった。そして、それは、多くの人に分かち持たれている。

そんななか、主治医の勧めや息子・娘の強い要請で、介護保険を申請し、要介護認定を受けはする。しかし、サービス利用には至らない。

利用しても中断する。または、ホームヘルパーに掃除だけは頼むが、食事づくりだけは妻が続ける。夫婦ともにデイサービスは利用しない。そうした形で、外部からの支援を受け入れることに抵抗感を持ち、慣れ親しんだ暮らしを自力だけで続けようとする。そんな夫婦がけっこう多い。

たとえば、前節で話を聞いた子世代女性5人の両親のなかで、デイサービスなど通所サービスを利用している人はひとりもなく、ヘルパーを利用する場合も、掃除だけ。食事づくりは弱った母親が続けている人の方が多かった。

こうした例は少なくなく、母親（84歳）が病気で入院し、退院したばかりという娘の立場の女性ZKさん（50代後半）は、父親（89歳）が外部サービス利用に対して示す強い抵抗感を、次のように嘆いていた。

ZKさん「母親が病院から退院してすごく弱っていて、家事がしんどいというので、介護保険の認定申請をして、『ヘルパーさんに来てもらおう』、そう言ったんです。でも、父親が『俺の目が黒いうちは玄関から中には絶対他人は入れない』と反対するんです。ヘルパーさんを利用したいと母が言おうものなら、暴力をふるいかねない。ほんと、どうすればいいんでしょう」

経済的理由だけでなく、超高齢在宅夫婦がサービス利用に消極的になる理由に、何が関わっているのだろうか。超高齢期になると、ひとり分の食事をつくることさえしんどく、二人分となるとさらに負担が重くなるのに、いったいなぜ、サービス利用に抵抗感を持ち、消極的なのだろうか。

「限界点」「どん詰まり」まで行った夫婦のリスク

高齢在宅夫婦二人暮らしの支援の場合、「夫がサービスを受けたくても、妻は自分でやるからいらないと拒否される。または逆のケースもあって、夫婦二人暮らしの問題がけっこう難しい」と先に支援者が語っていたが、ひとり暮らしの場合と異なり、夫婦二人暮らしの場合、これまでの慣れ親しんだ生活習慣への固執だけでなく、夫婦双方の尊厳に関わる次元の問題や、夫婦間の力関係が重層的に絡む。

その結果、生活水準がだんだんと低下し続け、支援が入るのは、夫婦二人がともに力を失った限界状況、「どん詰まりまで行ってから」、そうしたケースも少なくない。

以前関わっていた高齢者支援現場の事例検討会で、ベテラン保健師のＯＫさんが、次のような報告をしていた。それは、超高齢夫婦の暮らしがはらむ高いリスクに関するものだった。

ＯＫさん 「最近、85歳以上の超高齢者が支援対象者として増えていますが、どん詰まりでの訴えが多いのがひとつの特徴だと思います。超高齢期の夫婦の場合、お互いに自分を維持するだけで精一杯で。一見すると仲良く暮らしていると思える夫婦でも、食事は妻が用意し、ご主人が布団を上げるといった慣れ親しんできたことはやっていけますが、でも、相手の立場になって何かをしてやる能力は低いと思います。

それに、超高齢者の虐待の8割ぐらいは認知症がらみですが、最近の認知症理解、特に相手の自尊心維持を大事にするパーソンセンタードの認知症理解を、高齢の男性が妻に対して持つのは難しいということが多い。特にいまの高齢者には、昔からの夫婦関係のままで暮らしている人の方が多いですから」

この発言を聞いた当時、私はその意味を十分理解することができなかった。しかし、超高齢在宅夫婦の話を聞く仕事をしていくなかで、このときのOKさんの発言は、超高齢夫婦の暮らしを理解するうえで重要ないくつかのキーワードを含んでいると考えるようになった。

OKさんがここで指摘している、

①夫婦間の家事分担、気遣い、配慮といった相互ケア関係に関して「お互いに自分を維持するだけで精一杯」「食事は妻が用意し、ご主人が布団を上げるといった慣れ親しんできたことはやっていけ」て「一見すると仲良く暮らしていると思える」点
②しかし、「相手の立場になって何かをしてやる能力は低い」という点

これらは、ここまでに見てきた親夫婦の限界時点で関わった子世代女性の話と共通するものであった。

では、「どん詰まり」の生活危機と長寿期（超高齢期）の夫婦関係の力学がどのようにつながり、危機リスクを高めていくのか。

その点について、話を聞くなかで、「ああ、そういう夫婦間の力学が関わるからなのか」と納得させられた事例があった。「夫婦そろって百まで自宅で暮らす」ことを願いながら、最後は娘の決断で夫婦別々の施設に入所することになった夫婦の話である。次章で見ていこう。

第4章　「夫婦で百まで」を可能にする条件

（1）「ふたりで百歳まで」を目指した夫婦の在宅生活の終わり

「じいさんに殺される」「早く死にたい」の理由

それまでずっと「最期まで在宅」を目指し、「大丈夫」と言い続けていた親から、土壇場になって電話が入る。そんな事態に陥ったとき、子どもの側はどうすればいいか。

親の人生は親自身が決めること。放っておけばいい。自分で何とかするだろう。

親が元気で力がある若いときなら、それで済む部分がある。しかし、老いが進む年齢になると、そうもいかない。

親が自力でやっていけると主張し、民間サービスや介護保険などの制度サービスを頑なに拒む場合、子どもは親の意向をどこまで受け入れ、親の願いにどこまで添い続ければいいのか。親の尊厳を守るとはどういうことなのか。

これは、ひとり暮らしの親が「自分の家で暮らし続けたい」「在宅で最期まで過ごしたい」と望む場合も難問だが、父親、母親の二人暮らしの場合、さらなる難問である。そんなことを深く考えるきっかけとなった出会いがある。父親が97歳、母親が95歳になるまで自宅で暮らし続け、「長年、説得し続け」、最後は「父親を拝み倒して」、両親に「別々の施設に入所してもらった」。そう語る娘の立場の女性、ＰＪさんとの出会いである。

ＰＪさんは74歳。きょうだいはいない。３人の孫育て支援の他に、ＮＰＯ団体の活動家として、多忙な日々の合間を縫い、両親が80代半ばを過ぎて以降の10年以上、両親宅に通い続け、その生活を支えてきた。

話を聞き始めてまもなく、ＰＪさんが発した言葉は、私にとって驚きだった。

ＰＪさん　「父は２０２２年に97歳で亡くなりました。母は現在95歳です。『ふたりそろって百まで生きたい』というのが希望だったんです。けど、希望といっても、それは父の希望で。母は『早く死にたいよー』と言っていました」

春日「それはどうしてですか？」

ＰＪさん「理由はね、『じいさんに殺される！』と言っていました。しょっちゅう、母は『じいさんに殺される！』と言っていました」

春日「エッ、どうして、『じいさんに殺される』なのですか？　お母さんはなぜ、そんなことを言われていたのですか？」

重ねる私の質問に対して、ＰＪさんはこう続けた。

ＰＪさん「母が全部、何もかもしなければならないでしょ。父が何にもしないから。そうはいっても、父も70代の頃まではマメに動いて、庭仕事などもよくしていたんです。でも、年齢とともに筋力が落ちて、動くのがしんどくなるじゃないですか。だから、あまり動かなくなる。

それで『おい、これ取れ』『あれ取れ』『眼鏡持ってこい』『新聞持ってこい』から始まって、母がズーッと一日中、動かされるわけです。狭い家とはいえ、結局、母は自分の時間がなくなり、ウロウロ、ウロウロ。

そのなかでご飯もつくらなきゃいけない。そんなんで、トイレで父に聞こえんように『ワアーッ！　私はじいさんに殺される』と、叫んでいたんです」


ＰＪさんの母親は、耳の聞こえも悪く、２度の圧迫骨折で、何かにすがらないと立ち続けることができないほど腰が曲がり、痛みもあった。そんななかでの夫の世話と家事は、「死にたい」ほどの重労働だっただろう。

一方、父親も、まだ元気だった70代までは「マメに動いて」いた。しかし、80代半ばでの病気をきっかけに、自分でできることも億劫がり、その分、母親への指示・命令が増え、その負担がだんだん重くなっていったのだという。

ＰＪさんが語ってくれた両親の生活史を、簡単に述べておこう。

両親の生活史——健康寿命を全うしたその後、待ち受ける暮らし

父親は定年後、資格を買われ再就職、70歳まで働く。一方で、母親の方は、60代の半ばから4年ほど、共働きで3人の子どもを育てる娘を支援するため、娘家族と同居。その間、父親は自宅でひとり自炊暮らし。

父親71歳、母親69歳のとき、母親が娘家族との同居生活をやめ、二人暮らしに戻る。その後、80代半ばまでは、「二人で野菜づくりをし、買い物も一緒にシルバーカーを押して近くのスーパーに通い、地域の人から「仲がいいですねえ」と声をかけられるような生活。

だが、80代半ばに父親が「軽い心筋梗塞」に罹《かか》り、その後、他の病気にも。それをきっかけに父親の体力が「ガタッと弱る」。そのなかで妻に指示・命令して用を足す「あまり動かない」生活になっていく。

一方、母親も85歳で病気をし、入院・手術。その後、圧迫骨折を繰り返すなどで腰痛がひどくなり、立位も歩行も不自由になる。にもかかわらず、夫の体力低下にともない、

増え続ける「夫の世話」と家事に追われる暮らしになっていく。

また、外からの支援受け入れについては、父親90歳、母親89歳のとき、要介護・要支援認定を申請。認定結果は父親、要支援2、母親、要介護1。

しかし、認定は受けるものの、サービス利用には消極的。近くに住む孫息子夫婦の支えと、3時間かけてバスで長年通い続けるＰＪさんの支えで、父親97歳、母親95歳まで在宅生活を継続。


こうしたＰＪさんの両親の生活は、国がいう「健康寿命」を全うした後に待ち受ける老いが避けられない期間の暮らしの実情を示している。

ＰＪさんの父親は、元気な間はひとりで自炊生活ができるほどの人だった。その後、80代半ばで病気になるまでは、夫婦で買い物にも出かけ、夫婦仲も「まあまあ」だった。

では、そんな夫婦が80代半ば過ぎになると、なぜ「じいさんに殺される！」と妻が叫ばねばならないほどの関係に変わっていったのか？

（2）夫婦二人暮らしだからこその困難とは何か

サービス利用や支援を拒否する夫

母親の負担を軽くするために、娘のPJさんが何もしてこなかったわけではない。それどころか、ひとり娘として親に対する責任感も強く、さらに地域の高齢者支援のNPO活動に携わるPJさんは、普通の人以上に福祉・介護に関する知識・情報も持っていた。

だから、両親が在宅生活をやめるまでの十数年間、母親の家事負担を軽くする手段として、介護保険の家事支援サービスをはじめ、民間の支援サービスの利用を両親に提案し続けてきた。

だが、その多くが父親から拒否され、加齢とともに母親の負担が重くなっていったのだという。

ＰＪさんが両親に提案してきた在宅継続のための支援策を挙げてみよう。

①両親のＰＪさん家族との同居
②配食弁当サービスの利用
③要介護・要支援の認定申請
④介護保険によるデイサービスの利用
⑤介護保険による訪問リハビリテーションの利用
⑥介護保険による入浴サービスの利用
⑦介護保険による家事援助サービスの利用
⑧医療保険による訪問診療

①〜⑧までのうち、提案がスムーズに受け入れられたのは、在宅生活の最後の２年ほど利用した⑧の訪問診療のみ。病院の長い待ち時間が耐えられなくなったからだという。

しかし、それ以外の提案は拒否、もしくは、受け入れの抵抗感が強く、PJさんが生活を常に見守り、親が勝手にサービス利用を止めないよう、説得し続けなければならなかった。

PJさんの話を聞いていくと、身体介護を必要としない場合でも、親の尊厳を重視し、その選択を受け入れながら、在宅生活を長期間支え続けることが、いかに大変なことであるかがわかる。

生活習慣として親が長年馴染んできた食の嗜好《しこう》、生活の快適さの基準、プライバシー感覚などなど、身体感覚レベルにまで関わる親の暮らしの希望のどこまでを受け入れ、どのように支えていくか。

それは親と同居し日常生活を共有する場合とも、また、ひとり暮らしの親を支える場合とも性格が異なる難しさがある。夫婦二人暮らしの場合、妻の方に生活力が何とか残っている間は、夫が「家事と自分の世話は妻がするのが〝あたりまえ〟」と考え、他からの支援を拒否し、馴染んできた生活を続けていこうとするからだ。

PJさんの両親の場合もそうだった。PJさんの母親の場合、「私がいるのに何でへルパーを入れるのか」と家事支援を拒むタイプの女性ではなく、むしろ「ヘルパーに来てほしい」と、それを望む人だった。
にもかかわらず、サービス利用に消極的なままの生活が続いていった。それはなぜだろうか？　何が外部からのサービス、支援を排除し、夫婦関係に閉じこもらせ、社会から孤立する方向に向かわせたのだろうか。

「二人でデイサービス」も妻には負担、夫は拒否

その理由を、ＰＪさんが示した①～⑦の提案に対する両親の反応の中から見てみよう。

まず、①「娘家族宅に夫婦ともに同居」という提案に対しては、父親が自宅に住み続けることに固執し、同居を強く拒否。母親は娘の提案には「同意」しながら、拒否する夫に逆らうことができず、断念。

ＰＪさん「父が私の家には絶対行かない、死ぬまで行かないと言う。母は行ってもいいと言ったんですが。すると『ひとりで行けばいい。わしはここにひとりでいる』と言うんです。それじゃあ、母は来れませんよねえ。どうしても」

次に、家事負担軽減策として介護保険の家事援助サービス、通所介護サービスなどにつながるための前段階である③要介護・要支援の認定申請という提案に対して。ここでも、当初父親が強く拒絶し、手続きに至るまでかなりの時間を要している。ここにも父親の「人の世話になりたくない」「家事は妻がすればいい」という意識が強く関わっている。

PJさん「二人とも90歳前後まで介護保険の認定も取っていなかったんです。だから、『しんどかったら、利用した方がいいのよ。介護保険をかけてきたんだし、それで助けてもらえばいいのよ』、そう言い続けたんです。

でも、人に助けてもらうのは嫌だし、母がいるからいいわと父は思う。母は父が嫌がるから受けられない。その辺を調整するのが大変でした。本当に大変!」

さらに、両親を説き伏せ、やっと要介護認定が出たとしても、サービス利用がスムーズに進むわけではない。④デイサービスセンターに通い、そこで入浴サービスを利用し、食事サービスも利用する、という提案に対しても、父親が強く拒否。

またこの提案に対しては、母親の方も、夫の世話がさらに増えることを恐れ、強く拒否。

ＰＪさん「デイに行けばご飯も食べられて、お風呂にも入れるからいいよと、何度も勧めたんです。でも、父は『絶対行かない』、とにかく『嫌』。

母も、二人で通うとなると、自分がその支度をしなければならない。父に服を着せて、自分もデイに行こうと思うと、準備がしんどい、それより、家にいてボーっとしている方がまだ楽なんです。父の『嫌』、プラス、支度が大変なんです。だから、『おじいさんが〝嫌〟と言うから、行けんわぁ！』と、どんなに勧めてもダメ」

生活の利便性よりも、人づき合いが苦手な父親にとっては自宅が「いちばん落ち着き」快適。だから、拒否。母親にとっても、夫婦で通うことになれば、夫の「通所準備」の世話が生じ、新たな負担となる。自分だけが利用した場合、その間の夫の世話はどうなるのか、それが気にかかる。

こうして、ひとり暮らしの場合なら、本人の選択しだいとなるが、夫婦二人暮らしの場合、それができない。「おじいさんが〝嫌〟と言うから、行けんわぁ！」と、夫しだいの流れになる。

「ばあさんがつくったものがうまい」という殺し文句

しかし、こうしたデイサービス利用以上に強い拒否感、抵抗感が示されたのが、⑦のヘルパーによる家事援助サービスである。

ＰＪさん「家事がだんだんできなくなる母のために『ヘルパーさんを入れさせて』と何度父に頼んでも、嫌なんです。人が来るのが嫌なんです。『煩《わずら》わしい』『うるさい』

『落ち着かない』って。

それに『ヘルパーがつくったものはまずい』『ばあさんがつくったものがうまい』って。母にとっては殺し文句ですよね、それは。だから、母がしんどいからヘルパーさんには来てもらってつくってもらう。でも、父が食べないんですよ。だから、ヘルパーさんがつくったものは母が食べて、父にはちょろっと自分がつくってやって……」

ここでの「ヘルパーがつくったものはまずい」という食の嗜好は、②配食弁当サービス利用を提案した際にも、「配食弁当は『絶対嫌』だと言うんです。『口に合わない』『食うものが何もない』『自分の好みがない』って」と、拒否されている。

さらに、こうした食の嗜好以外に、自宅内にヘルパーを招き入れることで、馴染んできた生活が乱される感覚から、「煩わしい」「うるさい」「落ち着かない」と、強く拒否される。

その結果、ヘルパーの家事援助サービスを利用したとしても、外部サービス利用に対する父親の強い抵抗感、「妻が家事を担うのがあたりまえ」の役割意識、「夫の決定に妻は従うべき」とする夫優位の夫婦関係に支えられ、どんなに母親がしんどくとも、夫の食事だけは妻としてつくり続けるしかない生活が続いていく。

そんななかでの「じいさんに殺される!」という叫び声だったのだろう。PJさんは母親のこの声を聞いたとき、「在宅生活を続けるのはもう限界だろう」と両親の施設入所を本気で考え始めたのだという。

準備も覚悟もなく、拒否権だけを発動する親に、どう対応するか

70歳までは元気で孫育て支援もしてくれた両親が、80代半ばに相次いで病気をしたことを境に、PJさんの親子関係は大きく変化している。

親がまだ元気だった頃は、一年に2、3回の帰宅で済んでいた。それが80代半ば過ぎからは月に1回から2回、2回から3回と、実家に帰る日数がだんだん増え始める。親の生活を見守り、必要な支援が何かを見極め、親にサービス利用を説明し、勧め説得し、支援機関とつながり、専門職支援者や身近で手助けする人との関係を調整する。

さらに、在宅生活の終盤期、母親が90歳を過ぎた頃になると、その役割がもっと必要となり、病院の付き添い日を入れて３泊４日の泊まりがけ。それを隔週で繰り返す形になっていった。

このようなＰＪさんの話から見えてくるのは、親が在宅生活を願い続ける場合、子どもが負わねばならない役割、責務が、かつての親子両世代が同居していた時代のそれと異なり、離れて暮らすからこその難しさを持つという事実である。

親と子が別々に暮らし、子どもの側が親の衰えを毎日の暮らしのなかで感知できないなかで、月に数回の訪問（もしくはオンラインでのやり取りなど）によって親の体調、生活状況を的確に判断し、必要な支援を検討し、親を説得し、支援機関もしくは支援者につながり、いつもはいない自分に代わり、支援者や身近な人に支えてもらう。

そして、親とその人たちの関係が切れないよう調整し、病院受診など重要な場面には同行し、統括責任者、つまりキーパーソンとしての役割を担い続ける。そうした役割である。

介護保険制度がスタートした直後、制度のうたい文句に「介護はプロに。家族は愛情を」というのがあった。その「愛情」とは、「母の日」「父の日」にプレゼントを贈ることや、旅行や会食などの一過性のイベントではなく、離れて暮らす親の毎日の暮らしを、長年にわたりこのように具体的に支え続ける営みだといえよう。

そうした場合、親が毎日の生活を自力で維持し続けることが難しいにもかかわらず、自宅に住み続けることに固執するケースでは、親の安全な生活を優先するという名目で、親より子どもの側の判断を優先するか。それとも「匙《さじ》を投げず」に最大限、親の意向を重んじ、粘り強く限界点まで寄り添い続けるのか。

高齢者が「子どもの世話にならない」と言いながら、具体的に将来への何の覚悟も準備もないまま加齢とともに力を失い、子どもや支援者の提案に対し拒否権だけを発動する場合、子どもや支援者にはこうした重い決断が迫られる。

ところで、ＰＪさんの両親は「夫婦で１００歳まで」を願い続けるだけで、その夢の実現一歩手前まで、自宅暮らしを続けることができた。それが可能になったのは、娘のＰＪさんの、親の願いに添い続ける強い覚悟があったからだろう。

しかし、それだけでは無理で、ＰＪさんの息子夫婦（両親の孫息子夫婦）が、祖父母が暮らす地に転勤願いを出し、近くに住み、緊急時の対応、日常の見守り、買い物などに関わる形で協力してくれたということがある。

さらに何より、酷暑時の水分補給の状況、毎日の食事内容、食事量などの健康状態のチェックを、たび重なる拒否や、無理難題にもめげずに対応し続けてくれたケアマネージャーや、在宅訪問ヘルパーなどの支援なしでは、続けられなかっただろうとも語っていた。

しかし、そうした強力な支え手を持たず、そのうえ、自分たち夫婦の力で在宅生活が可能かを考えたり、備えたりすることもなく暮らすうち、いつの間にか超高齢期になった場合の支援はどうなるのだろうか。そうした高齢者を増やさないようにするためには、どうしたらよいのだろうか。次章では、そうした点について見ていこう。

第5章　超高齢在宅暮らしに必要な「受援力」

（1）「そのとき」が来るまで備えない超高齢者たち
――先送りされるキーパーソン問題

「成りゆきまかせ」から不本意な選択に

在宅で暮らす多くの超高齢者とその家族、支援者などの話を聞いてきた。そのなかでわかったのは、無病息災で90歳まで生きてきた人など極めて少ないということだ。高齢期、それも75歳過ぎに、病気、しかも入院や手術をともなう病気、をした人が多い。

その人たちが病院・施設暮らしにならず、自宅に復帰できたのは、キーパーソンとして、介護保険につなぎ、退院後の暮らしを見守り支えてくれる家族や支援者がいたから。そういう場合が多かった。

老いが進む超高齢期になると、病気がいったん治っても、もとの暮らしに戻るのは難しい。第３章で見た信友さん、第４章で見たＰＪさんの両親の場合、「子どもの世話にはならない。迷惑をかけない」と言いながら、深く関わってくれる子どもがいたことで、在宅生活が可能になっていた。それには、どちらのケースも子どもが娘ひとりで、親子関係がよかったことが関わっているのかもしれない。

だが、「成りゆきまかせ」「そのときはそのとき」と生きてきて、子どもが数人いるが、どの子どもともイベント時のみのつき合いで、とりわけ親密な子どもがいるわけでもない。もしくは、そもそも子どもがいない。そんな高齢者が認知症になったり、病気や事故で倒れて、自分で意思決定できず、誰かの世話にならざるをえなくなった「そのとき」、どのような「成りゆき」になっていくのだろうか。

病院に担ぎ込まれて初めて、これまで具体的に考えてこなかった現実に直面する。キーパーソンとして自分に関わってくれる人がいるのかいないのか。いるとしたら誰なのか。自分はこれからどうなるのか。

そんな混乱のなかで、巻き込まれる形で関わってしまった人がキーパーソンになる。だが、そこで下された決断が不本意な選択だった場合、のちのちの家族トラブルや、望まぬ病院・施設入所につながっていく。そんな「成りゆき」になる人も多いのではなかろうか。

80歳前後の高齢者ともなれば、近い将来、自分がそうした苦境に陥るかもしれないことは想像できる。だから、そうしたことを考え、誰にキーパーソンになってもらうかを決め、内々に相手にも自分の気持ちを伝えている――そんな人が多いのではないか。そう考え、80歳前後の女性の集まりの場で、話を聞いていった。

だが、話を聞き進めると、「考えていない」「決めていない」人の方が多かった。たまたま私が話を聞いたのが、社会参加をするほどの元気な人たちだったからだろうかとも考えた。しかし、それだけではなく、その人が「ひとり暮らしか、夫婦二人暮らしか」「子どもがいるかいないか。いる場合、同居か別居か」「大きな病気を経験したことがあるか、ないか」によって、キーパーソン問題についての関心の度合い、取り組み方は異なっていた。

ひとり暮らしの人、それも子どもがいない女性の方が、夫婦二人暮らしの女性より、「倒れたとき」への不安感が強く、問題への関心度も高い。

一方、夫婦二人暮らし、とりわけ夫婦ともにこれまで大病の経験がなく、子どもがいる人の場合、関心度も低い。また、必要性を感じても夫が消極的で、どうにもならないという人が多いようだ。

超高齢でも元気なうちは話し合いもしない

まず、そうした問題への関心が薄かった超高齢で夫と二人暮らしのＲＯさんの話から見てみよう。ＲＯさんは86歳、夫は89歳。県外に娘２人、息子１人の子どもがいる。

「〝これから倒れたとき、どうするか。誰を頼るか〞などについて、夫婦で話し合われることがありますか」と聞いてみた。すると次のように返ってきた。

ＲＯさん「いや、そんなことは考えない、主人がまだ元気だから。まあ、主人がもうすぐ90歳で、あっちが先に逝くと思うから、そのあと、私がひとりになって暮らせんようになったら、施設に入るしかないと思う。私は年金が少ないから、子どもたちに足りない分は出してもらって。大学まで出してそれなりのことをしてきたんで、それくらいはしてくれると思う」

春日「そうしたことについて、子どもさんと具体的に話し合われたことはありますか？」

ROさん「いや、もう話しておいた方がいい年齢だろうけど、まだ話してません」

ＲＯさんは、近い将来に夫の死去、ひとり暮らし、施設入所が待つだろうとは予測する。しかし、そうなったとき、子どもたちに「お金」の世話になることは考えても、自分たち夫婦の病院の付き添いや入退院、要介護・要支援認定の申請、施設入所の手続きをはじめ、いろいろな世話をキーパーソンとして担う人が必要になることまでには考えが及んでいない。

第2章で見た、姪の立場でキーパーソンとなったＰＫさんの叔父・叔母もそうだったが、夫婦にとって、二人がともかく元気で、毎日が平穏に過ごせることが最優先事で、いつかは誰かの世話になるときがあり、それに備えておかねばならないなどという考えはないようだ。

これに似た意識を持つ人が多い事実を、「倒れたときのキーパーソンをどうするか」に関する調査ではないが、「人生会議（アドバンス・ケア・プランニング〔ACP〕）」についての調査結果に見ることができる（厚生労働省「人生の最終段階における医療・ケアに関する意識調査報告書」令和5年12月）。

この調査では、「人生の最終段階における医療・ケアに関する希望」について「考えたことがあるか」「家族等や医療・介護従事者と話し合ったことがあるか」が問われるが、「詳しく話し合っている」「一応話し合っている」は合わせて29・9％、「話し合ったことがない」は68・6％で、後者の割合が約7割を占める。

また、同調査では、この約3割の「話し合っている」人に、「話し合うきっかけとなる出来事」について質問する。その結果は、自分や家族の「病気」が最も多く、次いで「家族等の介護」となっている。「退職」「還暦」「人生の最終段階についてメディア（新聞・テレビ・ラジオ等）から情報を得た時」など、何事も起こっていない平常時に「話し合っていた」割合は1割ほどにすぎない。

最も切実で具体的に考えておくべき「人生の最終段階の介護・医療（ACP）」についてさえ、このように「考えたことがない」「話し合ったことがない」人が多い。しかも「話し合うきっかけ」は、家族や自分の病気や介護といった「そのとき」が来たとき。こうした人が多数を占める現状では、超高齢になっても元気な間は、「倒れた後」のキーパーソンの必要性など考えない人の方が多いのかもしれない。

ひとり暮らし女性はキーパーソン問題への切迫感を持つ

ところで、夫婦ともに超高齢でも、まだ元気なROさんの場合は、関心もなく、具体的取り組みもしていなかった。しかし、夫婦二人暮らし、ひとり暮らしにかかわらず、「病気をきっかけにキーパーソンの必要性を感じた」という人は多かった。

その場合、ひとり暮らし女性と夫婦二人暮らし女性とでは大きな違いがあった。

ひとり暮らし、とりわけシングルで生きてきた人や、子どもがいない夫と死別後のひとり暮らしの人には、キーパーソンを決めておく必要性を強く感じ、すでに具体的に取り組み、任意後見契約などをしている人もいた。
まず、シングルで生きてきたNMさんの例を見てみよう。
NMさんは83歳。定年まで安定した職場で働き、現在、「腰痛がひどく、外出が億劫」という健康不安を抱える。将来への強い不安と、親族にキーパーソンを求めてもそれが難しい事情を語る。

NMさん「私はひとりで生きてきて、先はどうにかなると思ってきました。でも、歳をとってみると、不安に思うことがいろいろあります。きょうだいもみな高齢で体調もよくないし、私の暮らしぶりなんかわからないと思います。
姪が『何かあったら電話をくれればいい』と言ってはくれますが、生活が大変みたいで迷惑はかけられない。では誰を頼ればいいいか。ほんと、どうすればいいのか……」

これと同じ不安や迷いは、子どもがいない、夫と死別後ひとり暮らしの女性からも聞かれた。70代前半までは「元気自慢」だったが、「最近、よく病気をするようになった」。そう語るYHさん（80歳）である。

YHさん「病気をしてみて、つくづく思いました。私はひとりですから、キーパーソンを誰にするかが大問題なんです。まだ決めていないんです。姪とはときどき電話するけれど、転勤なんかもあって、私が倒れたときにどこに住んでいるかもわからない。甥は近くに住んでいるけれど、頼りにならない。じゃあ、他人に頼れるかというと、友だちには頼れない。でもいま、考えとかなきゃと思っています。もう、待てない」

しかし、同じ夫と死別後のひとり暮らし女性でも、子ども、それも近所に住む子どもがいる人の場合、このような将来への不安、キーパーソン問題についての切迫感は薄かった。

子どもがいる場合、たとえ遠くに離れていても、先にROさんが「それなりのことをしてきたんで、それくらいはしてくれると思う」と暗黙裡《あんもくり》の期待感を語っていたように、何とかしてくれるという思いがあるのだろう。

夫婦二人暮らしでは、夫の消極性・無関心が問題を先送りする

それに対して、夫婦二人暮らしの女性になると、ひとり暮らしの女性に比べ、たとえ将来の不安を持ち、キーパーソンの必要性を感じていても、具体的に考えることができないという人が多くなる。夫婦二人暮らしの女性の場合、夫がこの問題について消極的・無関心だと、夫の考え・意向を無視して自分の一存で事を進めることができないという、夫婦関係が関わってくるからだ。

しかし、ひとり暮らしであれば、自分の考えで動くことができる。

夫婦二人暮らしの女性が置かれたそうした状況を、子どもがいないＭＩさん（80歳）は次のように言う。夫は84歳。

ＭＩさん「私たちには子どもがいません。昨年、私が病気で入院し、いろんなことを考えました。夫は全く頼りになりません。『これからのことを一緒に考えよう』と言うと、『先に死んだ方が勝ち』と、考えようとしません。

最近は、夫は頼りにならないので、〝夫より先には死ねない〟〝ボケたとしても最後は私が引き受けるしかない〟、そう思っています。

でも、そう考えて〝自分のキーパーソンとは誰だろうか〟と周りを見渡すと、いざというときに電話もできない人ばっかり。キーパーソンもへちまもない。ほんと、どうすればいいか」

さらに、夫婦二人暮らしで問題が先送りされる状況には、子どもがいるかいないかよりも、夫婦の力関係、夫の意識の方が大きく関わっていた。

夫と二人暮らしのSEさん（84歳）は言う。夫は83歳。子どもは息子、娘の2人。

SEさん「キーパーソンを誰にするかが大問題です。で、10年前に私が大病をして、主人より先に逝くかと思い、『将来のことを考えておいて』と言いましたが、『また後で』『そのときになれば何とかなる』と、主人はこの問題を避けて逃げるんです。考えたくないんです。

子どもは2人いますが、長男は奥さんにべったり。娘は働いていて、自分の生活で手一杯なんです。何かあったら駆けつけてくれるだろうとは思いますが、在宅生活を続けたいと私が思っても、それを支え続けるキーパーソンになるのは無理だと思います。何も考えない夫なので、私が元気でいなければと思っています」

ここでは、「大問題だ」と言いながら、具体的に問題にどう取り組むかではなく、「私が元気でいなければ」と現在の生活を維持することへの思いが語られる。

夫が問題に消極的・無関心だった場合、子どもがいても、超高齢期になっても、その問題について話し合うことさえできず、とりあえずいまの生活を続けるしかない。そのなかで、子どもとの話し合いも、「何かあったそのとき」へと先送りされる。

では、夫優位の夫婦関係の場合にそうなりやすいとしたら、よく話し合う夫婦の場合はどうだろうか。夫と「対等な関係で夫婦仲もいい方だと思う」。そう語る女性MHさん（79歳）の話を見てみよう。夫は80歳。夫婦に子どもはいない。

MHさん「私たちには子どもがいないので、キーパーソンがいません。二人とも元気なときはいいけれど、ひとりになったとき、どうすればいいのか。主人とよく話します。

いまのところお金の面だけは、銀行の信託に頼ろうかと話し合っているところです。そのためには、自分がどうしてほしいかをしっかり考えて、しっかり書いておこうと、いま準備しています」

将来を予測し、キーパーソンの必要性を感じ、夫婦で具体的に問題に取り組もうとする姿勢が語られる。しかし、ひとり暮らしの女性の場合は、問題が「自分ごと」として語られるのに対し、そうした意識は薄い。夫婦で取り組める「安心感」が関わっているのだろう。

また、「お金の問題」には具体的に取り組めても、将来に備えての「キーパーソン問題」への具体的な取り組みは、後回しになりやすい。なぜなら、「お金の問題」を解決するには、信用できる「銀行の信託」という方法がある。一方、子どもがいない夫婦が、友人や親族をあてにせず、「キーパーソン問題」を解決しようと考えた場合、いくつかの難題があるのだ。

利用できる社会的制度や手段にどのようなものがあるか。任意後見を考え、成年後見事務所を利用するとして、そこは信用できる所か。また、そこは必要な日常生活支援をしてくれるのか、などなど。情報収集し、検討を重ねる間に時間が過ぎ、手遅れということにもなりかねない。

こうして見てくると、将来、自分が倒れたときに、自分の代わりに意思決定をし、見守り保護してくれるキーパーソンが必要と考えても、それを決めるのは意外に難しく、超高齢になっても、誰に頼むか定まらず、心もとない状態にある人が多い。

また、夫婦二人暮らしの方が、ひとり暮らしに比べ「大丈夫」とはいえない。そうした状況が見えてくる。

（2）支援者から見た超高齢者の「受援力」
――人とつながり、支援を受け入れる力

夫婦二人暮らしの方が支援が難しい

元気なうちにキーパーソン問題に取り組む姿勢は、ひとり暮らしか、夫婦二人暮らしか、その人に子どもがいるかいないかで違いがある事実を見てきた。

では、いざ問題が起きたとき、問題を隠すのではなく、子どもや地域の人、支援機関に助けを求め、支援を受けていく力には、ひとり暮らしと夫婦二人暮らしでは、違いがあるのだろうか。あるとしたら、どのような違いだろうか。

ここでは、高齢者支援現場で支援を担う人たちの声を通して、在宅暮らしをする超高齢者が「問題」を抱えてしまったときの「受援力」について見ていこう。

超高齢ともなると、何か問題が起きたときには、子どもや親族、地域の人に助けを求め、支援機関につながる人が多いだろう。一般にはそう考えられがちである。

だが支援者の話を聞いていくと、そうでもない。

高齢者の生活相談を担う地域包括支援センターの支援者のＴＯさん、ＯＭさん、ＵＭさんは言う。３人はいずれも50代女性。

ＴＯさん「超高齢でも、そこそこ元気で何もない間は、ちゃんと判断力を持っておられるんです。それでも、病気になったりすると、一挙にそれが落ちる。だけど、そこで家族から電話があっても『大丈夫、自分たちで何とかしている。非常食もあるし』という感じで、何とか自分たちで頑張ろうとされる。

家族でもそうだから、他人が入るのはなおさら嫌がる。受け入れようとしない」

ＯＭさん「事が大きくなったとき、子どもさんが『ワアー、どうしよう』と駆けつけてこられる。『何でこんなことになったんですか』みたいな感じで。親が普段、そういう姿を見せておられないから。

一応、『子どもさんにこちらから連絡しましょうか』と確認はするんです。でも、ご夫婦で暮らしておられる場合は、たいてい『迷惑かけたくないから連絡しないで』と言われます」

UMさん「口を濁《にご》したりね。言いたくないんです。頼ることができないんです」

ここでは、超高齢になっても、「いざというとき」になっても、子どもや周囲の人に助けを求めようとしない人が多く、なかでもその傾向は夫婦二人暮らしの場合に強いと語られるが、本当にそうなのだろうか。

こうした点について、支援者たちに次のように質問していった。

「ひとり暮らしと夫婦二人暮らしとでは、支援の難しさに違いがありますか。違いがある場合、どちらが支援につながりにくいですか。その理由はどんなことですか」

「ケースバイケースですが……」と前置きしながらも、返ってきた答えで多かったのは、「夫婦二人暮らしの高齢者の方が、ひとり暮らし高齢者よりも、支援につながりにくく、支援が難しい」というものだった。

「二人暮らしだから大丈夫」という先入観

では、そうした傾向が見られるとして、その理由には、どんなことが関わるのだろうか。さらに聞いていった。

理由のひとつに挙げられたのは、周囲の人や支援者が問題を知る「問題発見」までの時間が、ひとり暮らしより夫婦二人暮らしの方が長期化しやすいことであった。

夫婦の場合、片方が力を失えば、もう片方がそれを補う形で、ギリギリまで二人の生活が維持される。そして、それがいよいよ限界に達した時点で、問題が明るみに出る。

しかし、そのときには夫婦ともに力を失い、深刻な事態になっていることが多い。それに比べ、ひとり暮らしでは、その補い合いがない分、周囲の人が問題に早く気づくことができ、深刻さの度合いも軽くなることが多い。

長年、地域の高齢者支援機関で働いてきた支援者のＮＪさんは言う。

ＮＪさん「ひとり暮らしなら、ゴミ出しができなくなっても早くわかるし、とんでもない格好でうろうろしたりして、地域の人が早く気がつく。

二人暮らしの場合は、ゴミ出しでも、地域から上がってくるのは奥さんもご主人もできなくなってから。それに食事でも、外からは食事がつくれているかどうかはわからないので、ともかく夫婦で買い物に出かけているのを見て、〝元気にやっている〟と思う。二人暮らしの場合は、二人ともできなくなって初めて、地域の人が問題に気づく。もうそのときは、大事《おおごと》になっていることが多い」

さらに、「問題発見」が遅れる理由には、「夫婦二人だから大丈夫」という先入観も関わっている。その考えは、地域の人たちだけでなく、民生委員や支援者の取り組み方の違いにも見られ、それが問題を見逃す方向に作用する。支援者ＮＪさんは続ける。

ＮＪさん「ひとり暮らしは民生委員の見守り対象ですが、二人暮らしの場合、世間の目も『どちらかがいるから大丈夫』という感じで。そんな目は90代の夫婦の場合でも強いですね。『何かあったら、（夫婦の）どちらかが言ってくるだろう、まだおじいちゃんは元気だし』みたいな」

同様の事実を、先の地域包括支援センターの支援者、ＵＭさんとＯＭさんも話す。

ＵＭさん「夫婦だから、民生委員さんなんかもノーマークなんです。ひとり暮らしだったら、民生委員さんの目が行き届くんですが、夫婦だったら大丈夫でしょうというところがあるから」

OMさん「私たちもついつい、独居とか、そっちの方にだけ目がいっているから。夫婦の場合、私たちも『夫婦でいるから安心』というふうに見ている。でも表に問題が出ないで、倒れてもただ寝ているだけという例が増えているかもしれない」

UMさん「そうそう、そんなケースがありました。ぐうぐう眠っているから放っていたけど、あまりにも起きないので見てみたら、亡くなっていたというケースが」

夫婦の関係性が、支援をさらに難しくする

さらに、周囲が問題に気づき、支援の手を差し伸べようとしても、ひとり暮らしより夫婦二人暮らしの方で拒否されることが多い。そのことが、介入・支援をさらに遅らせていく。その場合、やはり拒否するのは妻より夫の方が多いという。

民生委員をする女性ＲＳさんは言う。

RSさん「『何かお手伝いすることはありませんか』と声をかけても、関わりを拒否されることが多い。特にご主人の方がね。奥さんは間口を広げて、何かにつながりたいという思いを持っておられても、ご主人が『いらん、帰ってくれ』って」

加えて、地域の人との交流が問題発見の機会になるが、超高齢になるとその交流が少なくなる。その場合でも、ひとり暮らしであれば、外出も本人の考えしだいだが、超高齢二人暮らし女性になると、それが難しい人が多い。先にも述べたように、夫婦の関係性が関わってくるからである。

地域の高齢者の集まりのリーダー、ＳＴさんは言う。

STさん「ひとり暮らしの方の場合、お誘いすれば『いいですよ』と応じてくださる方もいるんです。でも、ご夫婦で暮らしている方の場合、『主人がいるからねえ。主人ひとりを家において出かけるのがねえ……』と、言われる方が多い」

こうした理由が幾重にも関わり、「問題発見」が遅れ、ひとり暮らしより夫婦二人暮らしの方が支援は遅れてしまいがちになる。

さらに、夫婦二人暮らしの支援が難しくなる理由は、「問題発見」に関わるものだけでない。心身両面の力が衰え、「共倒れ」のリスクを持つ、超高齢の夫婦二人ならではの要因が大きく関わってくる。

これまでにも述べているように、ひとり暮らしであれば、本人の意思、本人の希望を焦点においての支援が可能になる。だが、夫婦二人暮らしになると、長年の暮らしのなかで深く編み込まれた夫婦の関係性が、その「思いや主張」に複雑に絡まり、問題のどこに焦点を置き、どちらをどう支援していくかが混迷し、支援が難航する。

その点について、居宅介護支援事業所所長のＡＫさんは言う。ＡＫさんは長年、高齢者支援に関わり、担当地域を超えて困難ケースの支援に関わることも多い。

ＡＫさん「ひとり暮らしの方の支援が楽ですね。なぜかというと、ひとり暮らしなら、その人の望むことのピントが絞りやすい。そこに向けてどう支援するかを考えればいい。要は支援のポイントがその人なんです。

でも夫婦の場合、夫と妻、双方の思いや主張、それにお互いの依存が関わって、さらにややこしい。ひとりを離すともう一方が倒れるし。ひとり暮らしの支援の方がなんぼも楽です」

妻が先に弱るケースの増加――逆の場合よりも大変になる

ところで、夫婦二人暮らしの方が、ひとり暮らしより、そうしたリスクが高かったとして、そのリスクは夫婦のうちのどちらが先に弱ったときの方が高いのだろうか。その点についても、支援者に聞いていった。

すると、夫婦ともに病気や障害を抱えていたとしても、夫よりも妻の方がより弱っている場合に、そうした事態に陥るリスクが高いという。

地域包括支援センター支援者のUMさん、OMさんは言う。

UMさん「ご主人が弱られたり、認知症になったりされても、奥さんが動かれるので生活が割と保たれる。それが逆になって、奥さんが弱られたり、認知症になられたとき、生活を保てないで大事になる」

OMさん「そうなんですよ。日常生活ができなくなって、どこかに助けを求めなければならなくなっているときでも、なんかそのまんまにしておられる」

UMさん「それは妻が先に倒れたときの方が多いよね」

OMさん「そうです。近所に助けを求めた方がいいときでも、ご主人がためらう。男性の方が『周りに知られる』『体面がある』とか。

そこを『これはもう絶対呼ばなきゃ』と、動く第三者がいればいいんだけど、夫婦だけだとそれが難しい。『主人がそう言うから、ダメなんです』と言われますから。ご主人の方が強いから」

夫が妻より先に弱った場合、妻が夫の世話をする形で生活が維持される。これは私たちにとって見慣れた光景である。

しかし、超高齢化、在宅化が相まって進む現在、夫と妻、どちらが先に倒れるかわからない時代になっている。80歳を超えると、要介護認定率、認知症有病率も男性よりも女性の方が高くなり、超高齢夫婦の場合、妻の方が夫よりも先に倒れることも増えてくる。

そうした流れのなか、支援現場で超高齢夫婦二人暮らしの問題として増えているのは、妻が夫より先に倒れた場合で、その理由としては、夫の方が「体面があるから」と助けを求めず、これまで通り「そのまんま」の暮らしを続けようとするからだと、UMさん、OMさんは言う。

超高齢夫婦の共依存関係――「合体木」と化し共倒れに

しかし、「体面」だけで、夫は支援を求めようとしないのだろうか。「そのまんま」の暮らしが続くことが支援を遅らせるというが、その間、夫婦の暮らしはどのような形で維持されているのだろうか。

この点については、先に支援者ＡＫさんが、「夫婦二人暮らしの支援は、お互いの依存が関わってさらにややこしい」という内容のことを語っていた。そこでその点について、「もう少し具体的に説明してくださいませんか」と説明を求めたところ、次のような答えが返ってきた。

ＡＫさん「奥さんもやっぱり、専業主婦の時代の人たちじゃないですか。だから、しんどくても奥さんが、ご主人のために何かをしてやるのがあたりまえ、それをヘルパーさんや他の人にとられるのは許せないというのもあって。そうやって、病後だったり、認知症だったりしても、ご主人が奥さんの家事能力に依存されるんですよ」

ＡＫさんは、夫婦二人暮らしの問題には、たとえ妻が「病後だったり、認知症だったりしても」、夫が弱った妻に代わって、食事づくりや家事をしないまま、妻が家事をするのが「あたりまえ」としてこれまで通りの生活を続けようとすることがあると言う。ＡＫさんはそれを、夫の妻に対する「依存」と言うが。

また、食事づくりや家事の面だけにとどまらず、生活を統括する役割を妻が担っているため、夫の妻に対する依存が生活全般に及ぶものであることが、夫が外に助けを求めないことにつながると見なしている。

ＡＫさん「奥さんは病後で弱っていても、認知能力が落ちていても、人づき合いや以前のことは覚えておられる。そうした部分は失われないので、そこにご主人が依存される。『聞いたらすぐに答えてくれるのはあれしかいない。あれがいないと、わしは何にもわからん』って。で、『わからない』というのが、モノがどこにあるかわからないという次元ではなくって、『どうやったらいいかがわからない。生活する術《すべ》がわからない』という感じなんです。とても不思議なんですが」

ここで、ＡＫさんは「ご主人が依存される」と語るが、「依存」という言葉を「ご主人が奥さんに頼る」と言い換えれば、このような関係の夫婦はありふれたものである。

たとえば、第4章で見たＰＪさんの両親の場合も、妻の方は「早く死にたいよー」と言うほどしんどい状態でも、夫の食事づくりを続けていた。

しかし、子や孫世代の女性になると、超高齢夫婦のこうした関係を「不思議」にも思う人も増えている。

たとえば第3章では、夫の親夫婦の関係についてSAさんが、「テーブルを拭くぐらい、簡単なことだから自分で拭けば済むのに。でも、自分でしないというのは何なのでしょう。役割が自分は『それをしない人』なんですかね？　役割が染みついて、『テーブルは拭かない人』に成り切ってしまっているんでしょうか」と語っていた。

このように、下の世代の女性には不思議に思えるほど、食事づくりをはじめ家事だけでなく、人とのつき合い関係、生活全般への目配りなど、生活のすべてを妻に委ね依存してきた夫にとって、妻を失うことは「生活の術」を失うに等しい。

だから、妻が病後で弱っていても、認知機能が衰えていても、障害があり不自由であっても、妻を頼り続け、妻もそれに抗《あらが》えない相互依存関係（共依存関係）の暮らしが続く。

それは妻にとっては過酷で、「性別分業体制に埋め込まれた虐待」と呼ぶべきレベルに達することもある。しかし、そうしたときでも、「ひとりを離すともう一方が倒れる」という理由で、夫婦を引き離し、双方の安全・安心な暮らしを保障する方向での支援が難しいという。

超高齢期在宅夫婦二人暮らしの場合、周囲の支えや制度的支援がなければ、「合体木的夫婦共倒れ問題」とも呼べるリスクも高まるのである。

（3）世間には見えていない「80代以上の高齢夫婦の問題」

「老老介護」意識のない「老老世帯」の問題

ところで支援現場では、こうした形の超高齢在宅夫婦二人暮らしの問題は増えているのだろうか。それについても、さまざまな立場で支援を担う人たちに聞いていった。

まず、訪問介護事業所の運営者である女性は言う。

「支援をするなかで、私はそうした超高齢夫婦を何人も見てきました。世間では、それはまだ見えていないです。でも、いま膨大に増えつつある。そんな感じですね」

また、地域包括支援センターでの勤務が20年近くになるという、支援者のFJさんも言う。

FJさん「80代以上の高齢夫婦の問題ですか。在宅で暮らされているご夫婦の問題は増えていますねえ。でも、こうしたご夫婦が増えていることは、世間一般に広がっていないんです。本当に見えていません。怖いですよねえ。

そうなってしまうのは、歳をとっても以前のように病院で予後を過ごせると思っている人たちが、本当に多いんだと思う。そんなご夫婦が超高齢になって、大変なことになっているんだと思う」

ひとり暮らし高齢者人口が増えるなか、在宅超高齢ひとり暮らしの人の支援問題が増え続けている。同時に、在宅で暮らす超高齢者夫婦が増えるなか、その人たちの支援問題も現場では増え続けている。

だが、ひとり暮らしの生活問題は社会的に注目されても、夫婦二人暮らしの人たちの問題が増えている事実は、「世間一般に広がっていないんです」「見えていない」と言う人が多かった。

私自身の経験としても、超高齢夫婦のこうした問題は、２０１５年当時、私が関わっていた高齢者虐待防止支援の現場で、すでに増え始めていた。それから10年ほどたった現在、もっと増えているに違いない。

しかし、それがなぜ、社会的に広く周知されていないのだろう。その一端に、超高齢夫婦二人暮らしのこうした問題が「老老介護問題」のなかに一括りに含み込まれてきたことが関わっていないだろうか。

こうした形で窮地に陥る夫婦の多くは、子どもや周囲に助けを求めず、介護保険につながろうとせず、つながっても中断し、誰の支援も受けない。弱った妻に夫がすがる形で暮らしが維持され、本人たちに「老老介護」意識がない「老老世帯」である。
それを「老老介護世帯」と一括りにしていいのだろうか。夫婦のどちらかがもう片方の世話役割を自覚的に引き受けている「老老介護」世帯とは異なると見るべきなのではないだろうか。

「不安」はあるが「支援」にはつながらない

そうした点について、超高齢夫婦の相談の場合、夫の側に介護者意識がある人とそうでない人では、相談内容に違いがあるかどうかについて、地域包括支援センターの支援者に聞いてみた。

春日「高齢の夫婦二人暮らしで、夫の方が相談に来られることがあると思うのですが、どんな訴えで来られることが多いですか。介護保険申請の相談なんかが多いのですか？」

支援者「そうですね。だいたい、自分たちは介護が必要な状態になっているなんて思っておられない方が多い。だから、ただ不安を訴えられる。『不安だ、不安だ』『家内がおかしい』『(病院を) 退院したあと、元のように動けん。困ってる』って。それで、単発で病院の付き添いとか、買い物に付き添ってほしいとか。介護保険では対応できないような相談で来られることが多い」

春日「『介護家族の会』に参加されるような夫介護者の方とは違いますか?」

支援者「違うと思います。『家族の会』に出てくるような人には、自分が奥様を世話してやらなきゃという意識がある、自分の役割として。いろいろ調べて、いろいろ考えておられる。でも、そんな人は稀《まれ》で、病院に行って医師に不安を訴えたら『包括に相談に行ってみたら』と勧められて包括に来られるんだけど、支援にはつながらない。介護保険なんぞやという感じというか」

ここでは、のちのちこうした問題を抱えるリスクを持つ超高齢夫婦の場合、問題発生当初に、医師の助言で、夫の方が地域包括支援センターに出向くものの、「自分たちが介護が必要な状態」という自覚がないため、「不安」を訴えるだけで、具体的支援につながらない。その結果、不安を抱えながらも同じ暮らしを続けてしまうことが多いという。

そうした行動は、介護者としての役割を自分で引き受け、支援につながり介護保険サービスについても「いろいろ調べ考えている」家族の会などに参加する男性介護者とは「違う」と見られている。

そして、こうした夫婦を「介護が必要な人がいる家族」と見ない見方は、社会の側にも分かち持たれ、周囲や民生委員も、「夫婦暮らしだから大丈夫だろう」と「ノーマーク」となる。

そうした世間一般の意識を端的に示す事実がある。地域包括支援センター勤務の50代の支援者が、こうした問題を抱えた超高齢在宅夫婦二人暮らしのケースで、夫が妻のケアをしない「虐待問題」として、支援に入ろうとしたところ、年輩の民生委員から次のように制止されたという。

「80歳を過ぎた年代のご夫婦は、奥さんがご主人の言うことには嫌でも従う時代を越してこられた方たちだから、ご主人が奥さんの体調や気持ちを汲むとかはできない、優しくするなんてできない。だから、『こういう状態を虐待と言ったら、それは間違いだと思う。それが普通』と言われたことがあります」

制止した民生委員が言うように、高度成長期を性別役割分担で生き、「男尊女卑」の考えを持つ超高齢男性のなかには、夫が妻の「体調や気持ちを汲むとかはできない」のがあたりまえと考える人も少なくない。

団塊世代を含めた多くの超高齢者が二人暮らしをする時代が来る

だが、そのような関係で生きてきた夫婦が超高齢期になり、子どもや地域、支援者に助けを求めないまま窮地に陥ったとき、それを「普通」と見なし、放置したままでいいのだろうか。

なぜなら、いま私たちが目にし始めている超高齢在宅夫婦二人暮らしのこうした問題が、人々にとって「普通」であった時代はこれまでないからだ。大量の80代、90代の超高齢者が、子ども家族や他の人と同居せず、誰からの保護も受けず、夫婦二人で孤立して暮らす現象が昔からあったわけではなく、それが見られ始めたのはつい最近のことだからである。

ところで、高齢でも少し下の団塊世代ぐらいの年代になると、「男は仕事、女は家事」の性別役割分担で過ごしてきたとしても、男女平等意識も持ち、「見合い結婚」ではなく「恋愛結婚」という人も増えている。この人たちが夫婦で超高齢期を在宅で過ごす時代になれば、こうした問題を抱えるリスクは低くなるのだろうか。

その点についても、先の居宅介護支援事業所所長のＡＫさんに聞いてみた。すると興味深い返事が返ってきた。

ＡＫさん「80歳前後の高齢者になると、『ぼけますから、よろしくお願いします。』のお父さんみたいに、奥さんに『あれせえ、これせえ』言わず、自分でやる人も出始めています。でも、そんな人でも、気持ちの面では90代のおじいさんと全然変わらない」

春日「へえ、気持ちの面って、どういう気持ちの面ですか？」

ＡＫさん「やっぱりご主人が奥さんに依存している。家事はやるけれど、肝心なことを決めたりするとき、奥さんに必ず聞くし、何か決めごとのときは『どうするか？』って。ひとりで物事を決められない」

春日「でも『どうするか？』って聞くのは、妻の主体性を重視するように見えますが、それがなぜ『依存』になるのですか」

ＡＫさん「そうそう、そう見えます。でも、弱ってそこまでの判断ができない奥さんに聞くのは、奥さんがそれができないことを、ご主人がアセスメント（評価）できないからだと思います。

それと、それまでの生活歴のなかで、つき合い関係については、なんでも奥さんに決めてもらってきている。要は、家の中のことをご主人が奥さんに全部任せてきた。だから、自分で決められないんだと思うんです」

生活全般に関わるさまざまな判断ができないというリスク

ＹＹさんの話で興味深かったのは、夫側の変化が家事の面から始まっているという点だった。しかし、それ以上に興味深かったのが、夫が家事をするようになっても、生活全体に関わる「肝心なこと」を決める統括責任に関わる部分では、下の年代の高齢世代でも変化が見られないという指摘だった。

確かに、家事は手順さえわかれば、誰でもある程度こなせるようになる。それに、食事をつくれなければ、惣菜や冷凍食品を買うこともできる。しかし、生活全般に関わる外部の人とのつき合い、とりわけ、他からの支援を受けるかどうかなどの判断には、複雑なことが多面的に関わってくる。

どんな支援があるのか。そのためには、どこでどのような手続きをすればよいのか。お金はどれくらいかかるのか。支援者は信頼できる人物か、などなど。細々《こまごま》としたことを判断し決定するためには、長年の暮らしのなかで培われた経験知（知恵といってもいい）が必要となる。

しかし、妻に「全部任せてきた」夫は、それを判断する力を持ち合わせていない。それに妻の健康状態や気持ちを読み取る力が乏しいために、力を失っている妻に以前と同じように依存し続ける。そして結局、支援が入らないままの暮らしになってしまう。

ＹＹさんのこの解釈に、私はすっかり納得してしまった。そして、信友さんの父親があれほどの家事力を発揮しながら、妻の緊急時に救急車が呼べなかったことについて、「高齢になっても人の世話にならない」という自立観のみが関わっていたわけではなく、それ以上に、いまの超高齢世代の夫婦関係――人との関係をつなぐ夫婦の経験値の違いが関わっていたのではないかと、改めて考えたのだった。

同時に、団塊世代が在宅夫婦二人暮らしを続け、超高齢となったとき、いまの超高齢者に比べると、妻が先に弱ったときには妻に代わって家事を担う夫が増え、それを妻に強制する人が減るかもしれない。しかし、超高齢者人口が増えるなか、支援につながらないまま、夫婦で「孤立」し、問題を抱えてしまう人の数は、もっと増えていくのではないかとも思ったのである。

終章　まとめに代えて

「百歳まで生きてしまう時代」の高齢者の不安、必要な取り組み

「健康寿命を延ばしましょう」「元気で百歳まで生きましょう」。

このかけ声の下、各地で介護予防教室が開かれている。「介護予防体操」「脳トレ体操」「ウォーキング」などの運動、「栄養や口腔機能」「認知症予防」についての講座、サロンやサークル活動、などなど。

「子どもに面倒をかけたくない」「人に迷惑をかけたくない」と考える高齢者にとって、自分にできることは、とりあえず「元気であり続けること」。だから、教室に通い、運

動に励み、与えられた課題に日々取り組む。「健康」こそ、高齢者が自分の努力によって獲得可能な暮らしの目標。そういわれると誰もが納得し、自分も頑張ろうと思う。

こうした取り組みの成果が実ってか、日本人の寿命は延伸した。平均寿命は2001年から2019年の約20年間に、男性は78・07歳から81・41歳へと3・34歳延び、女性も84・93歳から87・45歳へ2・52歳延びている。

また、死亡者数がもっとも多い年齢(死亡者数最頻値)も、この間、男性が84歳から88歳へ、女性も90歳から93歳へと上昇している(2001年、2021年「簡易生命表」)。

だが、それにもかかわらず、平均寿命と健康寿命の差、つまり健康でない期間「ヨタヘロ期」は、約20年間で、男性8・67年から8・73年へ、女性12・28年から12・07年へと、女性がわずかに短くなっただけで、寿命の延びには追いついていない(資料7)。

それは当然のことだろう。なぜなら、「介護予防」に励み、寿命が延びたとしても、加齢による老い衰えが後ろ倒しになるだけで、長生きすればするほど、誰でも最後は、何らかの支えが必要になる。「ピンピン・コロリ」であの世に逝ける人は少なく、「百ま

資料7　平均寿命と健康寿命の推移

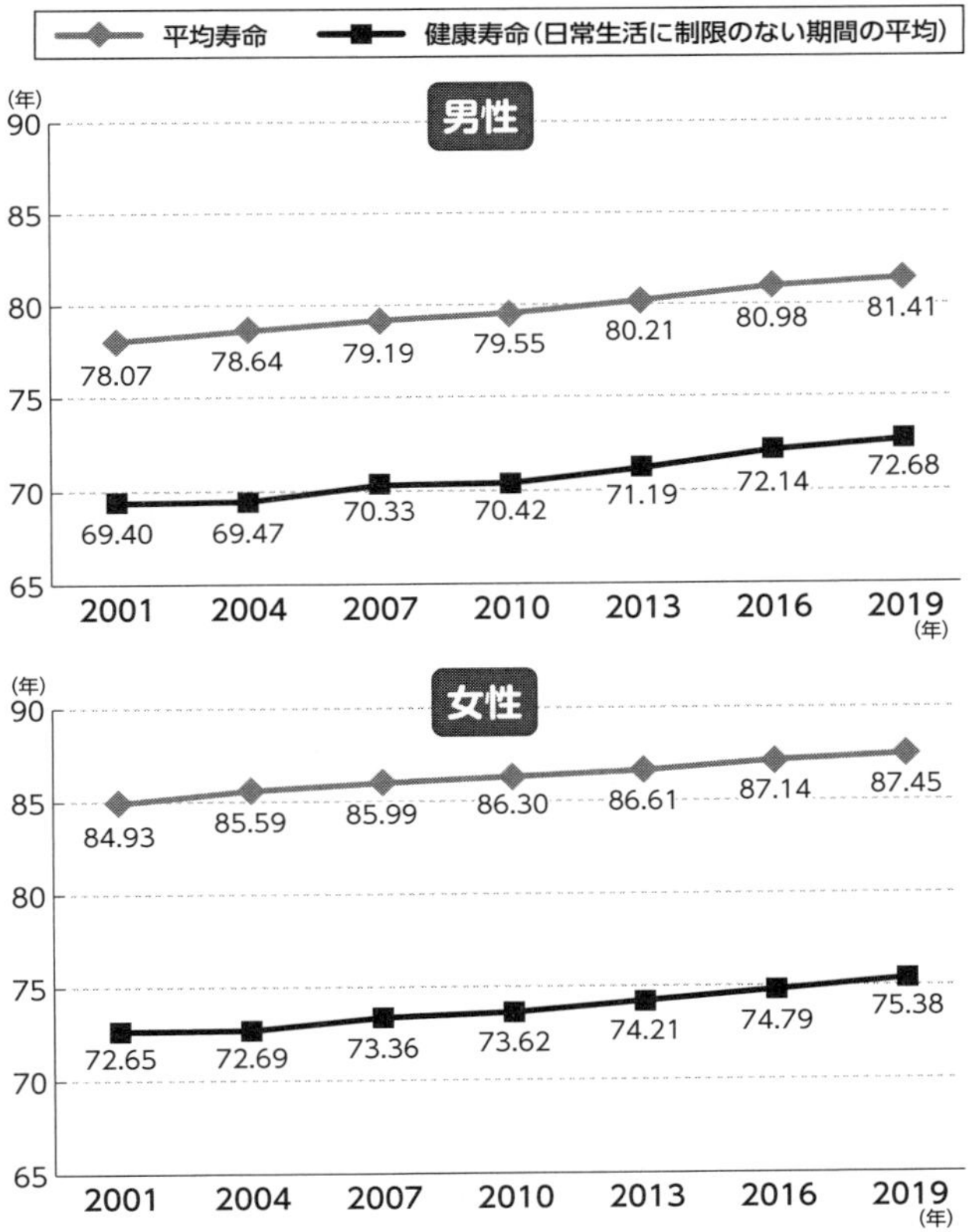

資料：平均寿命については、2010年につき厚生労働省政策統括官（統計・情報政策、労使関係担当）「完全生命表」、他の年につき同「簡易生命表」、健康寿命については、同「簡易生命表」、同「人口動態統計」、同「国民生活基礎調査」、総務省統計局「人口推計」より厚生労働省健康局健康課において作成。

出所：厚生労働省「令和４年版厚生労働白書」
https://www.mhlw.go.jp/stf/wp/hakusyo/kousei/21/index.html

で元気」な人は「宝くじに当たるように稀」で、人は加齢とともに、心身ともに衰える。それは動かしがたい事実である。

日々熱心に「介護予防」に取り組む高齢者自身が、その事実を知っている。高齢者の集まりで「超高齢化と家族変化」をテーマに話す機会がある。ある会場で、自分は団塊世代だという女性から、次のような質問を投げかけられ、私は即答できなかった。

「これからの時代、どうなるのかがすごく不安です。団塊世代を区切りに、何もかもが変わるといわれています。長生きするし、経済は不安定化するし、年々暑くなるし。

じゃあ、自分が何をすればいいか、それがわからない。だから、とりあえず元気でいなきゃと、健康づくりに励む、そんな暮らしなんですが。これから、どうなっていくんでしょう。私はひとり暮らしで、子どももいませんから」

コロナ禍、大地震、豪雨災害、猛烈に暑い夏。超長寿化がさらに進むといわれるなか、この女性が言うように、自分がどうすればいいかを考えれば、不安ばかりが募ってくる。だから、「とりあえず元気でいなきゃと、健康づくりに励む」。そして、一日が終わると「ああ、今日も無事に過ごせた、よかった！」と安堵する。

不安は、相手の正体が掴めず、曖昧模糊《あいまいもこ》とした状況に人が置かれるときに強くなる。だとすると、「運動」「食事」「口腔ケア」「認知症についての学び」も必要だが、「百歳まで生きましょう」というのなら、「百歳まで生きてしまう時代」の生活がどうなるのか、介護保険制度など支援制度がその時期の生活をどう支えてくれるのかなどを伝える取り組みも、それと同時に進められるべきだろう。

「運動」ができる健康な「身体」を保つには、「栄養」を考え食事をつくり、汗を流すための風呂を沸かし、汚れた服を洗濯する人がいなければならない。高齢者の多くが持つ不安は、「運動」どころか、毎日の暮らしさえ自分で支えることができなくなったとき、誰がそれを支え続けてくれるのか、自分はどうなるのだろうかという不安である。

そうした不安を多くの人が持ち、その不安を打ち消すことができないのだとしたら、

・「百歳まで生きる時代」の人生の最後のステージが、まだ元気が残る70代までの暮らしとは異なってくるという事実、
・医療制度が変わり長期入院できないいまの時代、施設に入所しない場合は、自分の力だけではなく、子どもや地域の人、支援者に支えてもらう生活になるという事実、
・そのためには、70代までは仕事や人助けを役割として生きがいとしていた人も、人を頼り支援を求め、支援を受け入れる力が必要になるという事実、
・何より、そうなったとき、その生活を支援してもらうために、介護保険制度をはじめ諸制度を利用するためには、自己申請主義の日本では、自分で手続きをする必要があること、自分でできなければ、キーパーソンとなってそれを代わりにしてくれる人が必要で、それがなければ支援は受けられないという事実、

などなど、いろいろあるだろう、こうした当たり前ともいえる事実、生活知、情報・知識を、わかりやすく解説し、届ける取り組みが必要だろう。

介護保険開始から四半世紀——浮上してきた「生活支援」の問題

こうした取り組みがいまなぜ、必要とされるのか。

介護保険制度が開始される以前の高齢者介護問題は、長期の身体介護が必要な高齢の親と同居する家族の生活問題が中心で、介護過労死寸前の「嫁介護」の問題や、「姥捨《うばす》て病院」と呼ばれる病院で死を迎える高齢者の死の問題だった。だから、介護保険制度は「身体介護」をモデルに置いてスタートした。

しかし、介護保険制度スタート時点から四半世紀がたった現在、私たちの前にあるのは、介護保険サービスに含まれはするが、身体介護を受ける以前の生活問題、すなわち長生きして自分の力だけでは暮らせなくなったとき、どこで誰に支えてもらうかの「生活支援」の問題である。

そこには、この間、家族の形が大きく変わり、80代、90代、稀には100歳代まで在宅生活を続ける、ひとり暮らし、夫婦二人暮らしなど、高齢世帯が増えていること。さらに、家族の形だけでなく、親子双方の意識の変化により、親子関係のあり方も変化してきていることが関わっている。

介護保険開始以前の１９９５年から高齢者支援職を続ける支援者は、自分の経験を踏まえ、その間の変化について、次のように言う。

「子どもさんとの関係が変わりました。子どもがいない人も増えたし、いても関わりが薄かったり、遠かったり。子どもさんの方も、働く人が増えているし、孫も見なきゃいけないし。親まで手が回らない。早く施設に入ってほしいという感じもね。『施設がいいんじゃないと、子どもが言う』って。

だから、施設に入れと言われるのが嫌で家にしがみつく。自分のプライドもあって、『子どもの足かせになりたくない、迷惑かけたくない』と言う。自分が思うように生きたいと思えば、我慢して、子どもに対して『助けてくれ』が言えない。そんなのが全部相まって、高齢の人たちの生活が変わっている」

ここでは、家族の形が変わった事実だけでなく、「子どもの世話にならない」という言葉の背景にある、親と子双方の意識の変化が語られ、興味深い。厳しい経済状況のなか、子世代側では共働きが増え、時間の余裕もなくなり、介護保険開始以降は高齢者施設利用に対する抵抗感も薄まっている。

一方、高度経済成長期を生きてきた高齢の親側の意識も、経済力がなく子ども家族を頼るしかなかった時代の親と異なり、「自分が思ったように生きたい」「子どもの足かせにはなりたくない」という意識の人が増えている。在宅化が進むなか、自宅に住み続けることも可能になっている。

そんななか、下手に子どもを頼ると「施設がいいんじゃない」と言われかねない。だから、「子どもに対して『助けてくれ』が言えない」、そんな人たちが出てきているという。これは、子ども家族からの高齢の親の自立が進むとともに、孤立化のリスクを抱える高齢者が増えている事実を示すものといってよいだろう。

しかし、こうした流れで、在宅で暮らす長寿期ひとり暮らし、夫婦二人暮らしが増えていった場合の大きな問題は、いまの高齢世代の介護イメージが、「身体介護」時代のものにとどまり、自分が長生きしたときの「長寿期ヨタヘロ生活」がどうなるかを、イメージできない人が多い点である。

たとえば、倒れたら「介護保険がある」「施設に入る」と言いながら、その手続きを自分でできないときが来ることや、そうなったとき、自分の代わりにそれをする人が必要になることなどを、元気なうちは考えもしない人がいるという事実を、繰り返し述べてきた。こうした人たちは、自治体の広報誌にいくら介護保険に関する情報が載っていても、理解することは困難だろう。

必要とされる制度的保障、後退する「生活支援」

先に「運動」「食事」「口腔ケア」「認知症についての学び」以外の、支援につながるまでの生活知、情報・知識の学びが必要だと述べたが、そうしたことに関心を持ちもしない長寿期高齢者が膨大に増えていくなかで、必要なのは、その人たちの在宅生活を支える「生活支援」が制度的に保障されることである。

しかし、「介護予防」には国を挙げて取り組んできたものの、「生活支援」に対する取り組みは、介護保険スタート時点に比べても、後退し続けている。

介護保険開始以前は、「高齢福祉」の一環として、保健師など専門支援職が地域の高齢者の自宅を訪問し、生活状況を把握し、必要なら継続的に関わる取り組みがあった。だが現在は、地域包括支援センターへ相談するようにというアドバイスはなされても、相談に出向く力がない人は取り残されてしまう。

　医師として大学や大病院に約40年間勤務し、退職後は訪問診療医として19年間、在宅高齢者を支え続ける小堀鷗一郎《こぼりおういちろう》氏は、官民一体となって介護予防を推進する国の現状に、「我が国は『挙国一致』、老いを克服し人生１００年の成就に向けて突き進みつつある」と述べ、その問題点を次のように指摘する。

　「そもそも介護は『予防』できるものではない。どんなに健康で生きがいのある生活を送っている高齢者であっても、いつかは病や老衰により、『要介護状態になりうる』のである。多くの人が望む『ぴんぴんコロリ』を叶えられる人は極めて限られていると認識した方がよい。我々が目指すべきは、たとえ介護状態になったとしても豊かな人生を送ることができる社会の実現なのではないだろうか」

（『死を生きる　訪問診療医がみた７０９人の生老病死』朝日新聞出版、２０２４年）

小堀氏のこの考えに私は深く賛同する。そして、医師である小堀氏は、この指摘を、医療・介護支援にすでにつながった人を念頭に置いて語られている。

しかし、私が本書で述べてきたのは、「住み慣れた地域で自分らしい暮らしを人生の最後まで続ける」ことを掲げ、在宅政策が進められるなか、支援が必要な状態であるにもかかわらず、医療・介護の支援者とつながる力を持たず、それどころかつながることさえ拒否し、支援につながっていない長寿期高齢者が陥る生活リスクの問題だった。

また、民生委員や地域住民が問題に気づき、いったん支援とつながることができても、支援を拒否する長寿期夫婦二人暮らしが増えていて、この人たちの支援はひとり暮らし高齢者と比べても困難で、地域住民の助け合いやボランティアの力では手に負えず、粘り強く関わり続ける支援専門職者の力が必要になるという事実だった。

しかし、その役割を担うホームヘルパー、ケアマネージャーが減り続けている。特にホームヘルパーの人手不足は深刻で、2022年でホームヘルパーの有効求人倍率（求職者1人に対して何件の求人があるかを示す数値）は15・53だ。収益性も低いなか、地域で暮らす高齢者の支援役割を担う小規模訪問介護事業所の閉鎖も続いている。

そうした流れのなか、今後、在宅で暮らす長寿期高齢者が増え続けていったとき、介護保険料を長年支払い続けてきたにもかかわらず、高齢者は介護保険による「生活援助サービス」を受けられず、民間の家事代行サービスなどを利用し、その費用負担は自分ですればいいという方向なのだろうか。それとも、自宅で生活できなくなったら、有料高齢者住宅やサービス付き高齢者向け住宅に住めばいいという方向なのだろうか。

しかし、そうはいっても、大都市であれば、民間介護業者、高齢者住宅・施設は多種多様にあるだろうが、人口減が進む地方では、その数も限られる。

それどころか、民間サービスを受けたいと思っても、経済的余裕がない人、特に、女性のひとり暮らし高齢者には、介護保険によるデイサービスに通うことさえ、支払い困難でできない高齢者が大勢いる。

長寿期夫婦二人暮らしの場合、費用負担の問題はさらに大きな問題になる。私が話を聞いた夫婦二人暮らしの人たちも、在宅生活を続ける大きな理由は、「夫婦二人だと二人分のお金がかかるから」だった。

さらに、現在でも介護保険認定申請をし、認定を受けても介護サービスを利用しないままの人が大勢いる。「介護給付費等実態統計」でその実情を見ると、認定を受けながら利用していない人が認定者総数に占める割合が、２０２２年で24・４%、２０２３年で23・６%で、認定を受けた人のほぼ４人に１人、約１７０万人という大量の人が、介護サービス利用につながっていない（厚生労働省「令和４年度　介護給付費等実態統計の概況」２０２３）。

これまで見てきたなかでも、妻が先に弱った高齢夫婦には、認定は受けても利用を中断する人が多いと支援者が語っていたが、利用しなかった人たちは、必要があって介護保険認定の申請をしただろうに、どのような理由でそれを利用しなかったのだろうか。その後、その人たちの生活はどうなっていったのだろうか。こうした人だけではなく、介護保険料を長年納めてきながら、さまざまな理由で、介護認定申請にさえたどり着けない人も多数いるだろう。

そう考えると、現在、問われているのは、「介護予防」を重視する現行の介護保険制度のあり方であるといえないだろうか。

介護保険制度とは、そもそも自力で生活を維持することができなくなった高齢者を支えるための制度としてスタートしたはずである。

そして現在、長寿化が進み、高齢者家族が大きく変化するなかで、超長寿期をひとりで、もしくは夫婦二人で暮らし、自力で生活を維持することが困難な高齢者、さらに「身体介護モデル」にそぐわない認知症高齢者が増え続け、膨大な数に達することが予測されている。

そんななか、「介護予防」より以上に、社会変化に対応した「生活支援」を重視する支援のあり方こそが求められる。

にもかかわらず、介護保険制度が「身体介護モデル」に立ち、かつ「介護予防」重視のままで、「生活援助」切り捨ての方向に向かっていった場合、高齢者の最晩年期の生活はどうなっていくのだろうか。

また、親と離れて暮らし、単身で暮らす人も多い子世代たちは、自分の生活を守り、親の生活も支える暮らしを、どう成り立たせていくことができるのだろうか。

日々「健康づくり」の運動に励みながらも、多くの高齢者が持つ深い不安は、こうした将来不安に他ならない。

高度経済成長期を支えた戦後家族、「夫婦中心」「教育中心」家族を生きた人たちが、子どもを遠く巣立たせたあと、１００歳近くまで、住み慣れた地域で暮らし続ける時代。その人たちを誰が支える社会になっていくのだろうか。

おわりに

今年の夏はすごく暑かった。数年前は気温35度に驚いた。それが、今年は連日35度以上。あと数年すると、連日40度超えになっていくのだろうか。

そんななか、ひとり暮らしのあの方は、夜間も冷房をつけ、ちゃんと水を飲んでおられるだろうか。夫が冷房を嫌うあのご夫婦は、この暑さのなか、どのようにお過ごしだろうか。最近記憶力が落ちたと話されていたあの方は、リモコンをどこに置いたかを忘れ、一日中、探し回る暮らしになっていないだろうか。などなど、以前は考えもしなかったことを案ずるようになった。

ここ10年ほど、私は長寿期を在宅で暮らす高齢者の実情を知りたいと、高齢者、離れて暮らす子世代の人たち（娘・息子）、まだ元気な若い高齢者の話を聞く作業を続けてきた。コロナ禍の間も、先方が受け入れてくだされば、訪問し、話を聞き、そのテープ起こしをする日々を過ごした。

そのなかで、自分の話の聞き方が、若い頃と比べると大きく変わったと思うようになった。若い頃、「80代の人」の話を聞くときは、「あの人たち」「私とは違う高齢者」の話として聞いていた。それが現在、「あの人たち」の話としてではなく、語られる言葉一つ一つが自分に跳ね返り、「この年齢になったら、私もこうなるのだろうか」「どんなに歳をとっても、人には変わらない部分があるもんだ」などと思いながら、話を聞いている。

それに、もうひとつ、若い頃と違ってきたことがある。加齢とともに、記憶力が低下し、本を読んでもノートにとらなければ、いや、ノートにとっても、忘れてしまうようになっている。

ところが、不思議なことに、高齢者や家族の話のなかで語られる、暮らしの「エピソード」「キーフレーズ」「キーワード」は忘れない。それどころか、語られた言葉のあれこれが、台所仕事をする間も頭を駆けめぐり、「あれはいったい、どんなことを意味するのだろうか」などと、ついつい考えている。

本書は、高齢者やその家族、支援者の人たちによって発せられた、そうした言葉の数々が、私のなかで響き合い、共振し、つながり、ひとつの形になっていったものである。示した事実は、「実情」のほんの断片にすぎないかもしれない。

だが、長寿期在宅高齢者が膨大に増えていく今後、こうした生活になる人も増えていくのではないだろうか。いま以上に家族が支える力を失い、医療保険制度や介護保険制度がいま以上に劣化し、社会保障制度も個々人の生活を支えないものに万が一なっていったとき、私たちは最期を、どこでどのような形で迎えるのだろうか。

そんなことを、この本をまとめていくなかで、「他人ごと」ではなく、「自分ごと」として考えるようになった。

書きながら、途中で「私は何を見ているのだろうか」「本当にこうなのだろうか」と、不安に思うこともあった。しかし、語ってくださった方たちの話から立ち上がってきた現実は、確かにこうしたものだった。それなら、それを書き残しておこう。そう思い返し、頑張った。とにかく、書き上げることができて、とてもうれしい。

多くの方のおかげで、ここまでたどり着くことができた。まず、プライベートなことを不躾《ぶしつけ》に聞いていく私に、「なんでも聞きたいことを聞いてください」と心を開き、受け入れてくださった高齢者、家族・親族の方たちに、お礼を申し上げたい。

この方たちのおかげで、ひとり暮らし、夫婦二人暮らしが増えた現在、90歳を超えても食事づくりや家事を担い続けねばならない女性たちが増えている事実とその苦境を実感的に知ることができた。

また、在宅暮らしを願う老親世代を長年支え続ける、離れて暮らす子世代（娘・息子・姪）の負担と心労がいかに重いものであるかを痛感した。

次に、10年間ずっと関わらせていただいた高齢女性のおしゃべりの集い「Hカフェ」の皆さん。さらに、多くの場で出会い、話を聞かせていただいた方たちにも、お礼を申し上げたい。

70代から80歳前後のこの方たちの話を聞き続けるなかで、「人が持つ年齢観、家族観は、年齢とともに大きく変わる」「人間とは多面的・多層的な存在」と考えるようになった。

また、元気な間は、90歳過ぎまで、ひょっとしたら100歳まで生きるかもしれないと考えても、長寿期に向けどう備えるかなどを具体的に考えることができない。そんな高齢者が多いのが、超高齢化、家族変化が急速に進んだ日本の高齢者の現状だと考えるようになった。

さらに、自分たちが持つ実践知を惜しげもなく教えてくださった、地域包括支援センターや居宅介護事業所、成年後見事務所、高齢者施設などで支援業務を担う支援者の方たちに深く感謝したい。この方たちの「勉強会」に招き入れていただき、コロナ禍のなかでもオンラインで続けられた自由な討論から、多くのことを学ばせてもらった。

それに、長年、在宅高齢者支援を責任ある立場で担い続けてこられた高齢者施設の施設長、居宅介護支援事業所所長、デイケア施設の施設長の方たちからも、その立場にあるからこそ、把握できる現状認識、将来予測から多くを学ばせてもらった。皆さん、ありがとうございました。

最後に、この本を、今年あの世に旅立ってしまった友人、故西川祐子さんに捧げたい。西川さんは年下の私に、研究者として老いを生きる姿を示し、教え続けてくれた人だった。彼女の生き方、彼女の励ましがなければ、私は頑張り続けることができなかっただろう。

そして、何より編集者の草薙麻友子さんにお礼を申し上げたい。現場に出て、聞いた話を報告することはできても、それがいったいどのような全体像を持つのかがなかなか掴めない私を、辛抱強く待ち続けてくださった。必要なアドバイスも、そのときどきにしていただいた。草薙さんのおかげでコロナ禍のなかでも、私は生きる目標と毎日取り組むべき課題を持ち続けることができた。本当にありがとうございました。

これからも、自分を信じ、自分ができることは頑張り、自分でできなくなったことは、人に助けてもらい、元気で過ごしていきたい。それがいつまで続くかなあ！

二〇二四年八月二五日　　春日キスヨ

春日キスヨ（かすがきすよ）

1943年熊本県生まれ。九州大学教育学部卒業、同大学大学院教育学研究科博士課程中途退学。京都精華大学教授、安田女子大学教授などを経て、2012年まで松山大学人文学部社会学科教授。専門は社会学（家族社会学、福祉社会学）。父子家庭、不登校、ひきこもり、障害者・高齢者介護の問題などについて、一貫して現場の支援者たちと協働するかたちで研究を続けてきた。著書に『百まで生きる覚悟——超長寿時代の「身じまい」の作法』（光文社新書）、『介護とジェンダー——男が看とる　女が看とる』（家族社、1998年度山川菊栄賞受賞）、『介護問題の社会学』『家族の条件——豊かさのなかの孤独』（以上、岩波書店）、『父子家庭を生きる——男と親の間』（勁草書房）、『介護にんげん模様——少子高齢社会の「家族」を生きる』（朝日新聞社）、『変わる家族と介護』（講談社現代新書）など多数。

長寿期《ちょうじゅき》リスク　「元気高齢者《げんきこうれいしゃ》」の未来《みらい》

2024年10月30日初版1刷発行

著　者 —— 春日キスヨ
発行者 —— 三宅貴久
装　幀 —— アラン・チャン
印刷所 —— 萩原印刷
製本所 —— ナショナル製本
発行所 —— 株式会社光文社
東京都文京区音羽1-16-6(〒112-8011)
https://www.kobunsha.com/
電　話 —— 編集部03(5395)8289　書籍販売部03(5395)8116
制作部03(5395)8125
メール —— sinsyo@kobunsha.com

ISBN 978-4-334-10445-0

1330
ロジカル男飯
樋口直哉

ラーメン・豚丼・ステーキ・唐揚げ・握りずしなど、万人に好まれる料理を、極限までおいしくするレシピを追求！　料理に対する考えを一変させる、クリエイティブなレシピ集。

978-4-334-10425-2

1331
現代人のための読書入門
本を読むとはどういうことか
印南敦史

「本が売れない」「読書人口の減少」といった文言が飛び交う現代社会。だが、いま目を向けるべきは別のところにあるのかもしれない——。人気の書評家が問いなおす「読書の原点」。

978-4-334-10444-3

1332
長寿期リスク
「元気高齢者」の未来
春日キスヨ

人生百年時代というが、長寿期在宅高齢者の生活は実は困難に満ちている。なぜ助けを求めないのか？　今後増える超高齢夫婦二人暮らしの深刻な問題とは？　長年の聞き取りを元に報告。

978-4-334-10445-0

1333
日本の指揮者とオーケストラ
小澤征爾とクラシック音楽地図
本間ひろむ

「指揮者のマジック」はどこから生まれるのか——。明治時代以降の黎明期から新世代の指揮者まで、それぞれの個性が炸裂する、指揮者とオーケストラの歩みと魅力に迫った一冊。

978-4-334-10446-7

1334
世界夜景紀行
丸田あつし
丸々もとお

夜景をめぐる果てしなき世界の旅へ——。世界411都市、602点収録。ヨーロッパから中東、南北アメリカ、アジア、アフリカまで。夜景写真＆評論の第一人者が挑んだ珠玉の情景。

978-4-334-10447-4